U0367585

Huami Model: Implementation and Innovation

Inclusive Participation
&
Collaborative Governance

包容参与 协作共治
华米模式的实践与探索

徐家良　章米力　著

上海交通大学出版社
SHANGHAI JIAO TONG UNIVERSITY PRESS

内容提要

本书以现代社会治理的转型为背景,深入探讨社会化治理平台的构建过程与实践路径。追溯了从传统社会到现代社会协作模式的演变,强调在现代社会中全面和谐的协作关系对于提高生产力和社会发展的重要性,多元参与和圈层互动是实现有效社会治理的关键,其中政府、企业、社会组织和公民个体之间的合作共治是推动社会进步的核心所在。书中以华米公司为例,展示了企业通过技术创新和实证调研参与社会治理过程,提高治理效率和增强透明度。

本书适合对社会治理、公共管理、社会组织以及对企业履行社会责任感兴趣的学者、政策制定者、企业管理者和普通读者阅读,旨在提供理论指导和实践案例,促进更加有效和民主的社会治理模式的高质量发展。

图书在版编目(CIP)数据

包容参与 协作共治:华米模式的实践与探索 / 徐家良,章米力著.
— 上海:上海交通大学出版社,2025.2(2025.4 重印). — ISBN 978-7-313-32347-7

Ⅰ.D63

中国国家版本馆 CIP 数据核字第 2025AD1532 号

包容参与 协作共治——华米模式的实践与探索
BAORONG CANYU XIEZUO GONGZHI——HUAMI MOSHI DE SHIJIAN YU TANSUO

著　　者:徐家良　章米力
出版发行:上海交通大学出版社　　　　地　　址:上海市番禺路 951 号
邮政编码:200030　　　　　　　　　　电　　话:021-64071208
印　　刷:上海新华印刷有限公司　　　经　　销:全国新华书店
开　　本:710mm×1000mm　1/16　　印　　张:12.5
字　　数:166 千字
版　　次:2025 年 2 月第 1 版　　　　　印　　次:2025 年 4 月第 2 次印刷
书　　号:ISBN 978-7-313-32347-7
定　　价:68.00 元

序

在这个百年未遇的大变革时代,我国的社会治理事业正迎来千载难逢的发展机遇,但也面临着前所未有的挑战。不断涌现的新经济、新技术、新业态对社会治理提出了更新更高的要求。党的二十届三中全会明确指出,要以高质量发展为核心,加快构建现代化经济体系,推动治理体系和治理能力现代化。如何探索更高效的治理模式,从而加快形成新质生产力,是值得当今理论界和企业界共同深入思考的时代命题。《包容参与 协作共治——华米模式的实践与探索》一书,正是在这样的背景下应运而生。华米模式为我们提供了一个独特、全面而系统的视角。我们看到了一家有理想有担当的社会企业,是如何运用科技创新、动员公众参与,探索出一条社会治理的新路径的。华米公司的先行实践,为我们理解现代社会治理的新思维、新模式和新路径提供了有益样板。

本书由上海交通大学特聘教授徐家良和华米公司创始人章米力博士合著,徐家良教授丰富的学术积累和章米力多年的实践经验,深入探讨了社会治理的历史演变、理论基础和实践应用。书中不仅回顾了从传统社会到现代社会协作模式的发展,而且详细分析现代社会中多元参与和协作共治的重要性和实施策略。通过对不同社会阶段的比较分析,作者清晰地展示协作共治在现代社会中的必要性、紧迫性和不同的策略选择。

本书的一大特色是将理论与实践紧密结合。华米公司是我国改革开放以来,第一批以实证调研为业务载体,以包容协作为组织模式,以共治共享为实施目标的社会企业。华米公司创立初期，主要服务大型、连锁品牌客户，通过组织消费者作为神秘顾客，前往门店调查，将真实现场评价提供给品牌总部作为管理依据。在这个过程中，华米借鉴连锁品牌把消费者作为第三方纳入企业管理的模式，逐渐开始应用到社会治理领域，华米协助政府，组织群众参与社会治理，在治理过程中降本增效，且在借助群众力量的同时，提升群众知晓度、满意度和获得感，也逐渐成为了一家具有显著特色与美誉度的社会企业。

本书主要以华米公司为例，作者详细讨论企业通过不同形式的技术创新参与不同区域的社会治理实践，增进社会面、消费者与管理者之间的信息沟通和交流，提高治理效率，增强信息透明度。"大人来也"平台的案例，生动地展示了数据驱动、人数结合的社会治理模式为各级政府和不同类型的企业提供多种形式的决策支持，同时也为社会公众参与社会治理提供了新的思维、新的途径和新的方法。

本书详细介绍包容参与、社区自治两个概念和社会资本理论、委托代理理论、全过程人民民主理论、社会契约理论、数字包容理论五个理论，从不同概念所涉及的范围与特性，重点分析两个概念、五个理论在社会治理中发挥的独特地位和呈现出的不同的社会影响。这些概念与理论的探讨，不仅丰富了人们对现代社会治理的认识和了解，也为实践者提供了宝贵的指导和启示。在数字技术日益渗透社会各个角落的今天，本书对数字包容和数字治理的讨论，具有特别的意义和价值。作者指出，数字技术为社会治理提供了新的思维、新的工具和新的平台，但同时也带来了新的挑战，如数字鸿沟、技术异化等问题。书中提出的应对策略和具体建议，对于构建一个更加包容和一个更加有效的数字治理体系，具有很高的应用参考价值。

总的来说，这本书对于政策制定者、社会治理实践者、企业管理者以及对社会发展和治理感兴趣的读者们，都具有很高的阅读价值。它不仅提供了丰富的理论知识和详尽的实践经验，更激发了我们对于构建更加和谐、公正和可持续发展社会的深入思考。

我强烈推荐这部作品,相信它将为实现中国式现代化,推动社会治理的进步和基层治理高质量发展,发挥独特而重要的作用。

胡　近

上海交通大学原党委副书记

国际与公共事务学院教授

2024 年 10 月 6 日

目 录

导论 为什么要研究

《说文解字》有云："协者,众之同和也。作者,起也。"所谓协作,即众人齐心,携手并进。人是社会性的动物,自蛮荒蒙昧时代走来,在复杂环境的影响下,"协作"二字深深镌刻进我们祖先的基因中。在原始社会,部族成员共同占有生产资料、共同劳动,也共同分享成果,这是最为朴素的协作模式,即个体之间以部族为单位开展的协作。在实现了原始渔猎向封建农耕的过渡之后,乡绅、地主占有生产资料,佃农出卖劳动力获得有限的成果。这是不同社会阶级以乡村为单位所开展的劳动协作。不难看出,原始时代的协作是一种建立在低生产力背景下的相对平等。封建时代的生产力取得了一定的进步,却因此分化出了不同的阶级,协作的平等性被无情的现实所打破。在生产繁荣、科技进步、政治昌明的现代社会,无论是朴素的平等还是封建的不平等,都已全然不合时宜。现代社会的生产力水平要求一种全面、和谐的协作关系与之相适应。这种协作关系不局限于以亲情血缘为纽带的社群,也不局限于以山川湖河为界限的乡村,而是以社会整体为组织单元,涉及不同阶层、不同领域、不同部门的合作,以确保生产力的进一步提高和可持续发展。因为现代社会的生产需求、供给需求和治理需求很难由单一个体或单一部门独立完成,由此引出各个部门、各个主体之间的共治概念。

表 0-1 不同社会阶段的协作

	原始社会	封建社会	现代社会
生产力水平	低下	有所提升	全面进步
协作的平等性	朴素的平等	不平等	全面、和谐的平等
协作的单元	部族	乡村	社会整体

注:本表根据有关材料整理而成:侯琦,魏子扬.合作治理——中国社会管理的发展方向[J].中共中央党校学报,2012,16(01):27-30;尤琳,陈世伟.国家治理能力视角下中国乡村治理结构的历史变迁[J].社会主义研究,2014(06):111-118;崔晶.基于公共场域视角的基层政府与社会合作治理研究[J].武汉大学学报(哲学社会科学版),2017,70(03):133-143.

一、多元参与、圈层互动与协作共治

共治的概念古已有之。《礼记》有云:"大道之行也,天下为公,选贤与能,讲信修睦。"这是先秦学人对理想治理的超然幻想。囿于社会整体发展的局限,数千年来,"天下为公"一直是社会治理所追求的奋斗目标。到了现代,共治作为一种社会治理理念,强调多个主体共同参与和协作,通过更加有效的社会管理,实现公平正义的社会目标。这一概念超越了传统的单一治理模式,重点关注如何在政府、企业、社会组织和公民个体之间实现合作与协调,共同解决社会问题,推动社会进步。从共治概念,实际上引申出多元共治的理念。

何谓多元?学界对此已有诸多论述。从全局性视角出发,多元主体主要包括政府、企业、社会。[①] 政府是指掌握国家强制性权力的机构,包括立法机构、行政机构和司法机构,其职责是制定和执行法律、提供公共服务、管理

---

① 徐家良.第三部门资源困境与三圈互动:以秦巴山区七个组织为例[J].中国第三部门研究,2012,3(01):34—58.

公共事务和维护社会秩序等。企业是指以营利为目的的组织，通过生产商品、提供服务或提供技术来满足市场和社会需求，以此获取利润和分配利润的组织实体。除政府和企业外，社会是主体互动的重要组成部分。社会主要可分为个人与组织两个维度。个人作为社会的基本单元，其行为、决策和互动是社会活动的基础。组织由个人组成，其形式包罗万象。家庭是组织的基本组成形式之一，对个体的成长、教育和社会价值观的传承具有重要作用。本书在社会维度关注另一类更重要的主体，那就是社会组织。社会组织承担着实现社会功能的重要角色，影响并塑造社会成员的世界观。社会组织是指社会成员依据个体自愿或根据法律相关的规定组成，不分配利润，通过提供互益性服务和公益性服务，达到维护成员利益、帮助困难群体、推动社会发展的社会目的的功能性组织。在我国，社会组织分为三种类型：第一种是社会团体，由自然人、法人或其他非法人组织自愿或根据相关法律规定组建，为实现成员共同意愿，按照章程开展社会事务和公共事务活动的非营利性组织，包括学术性、行业性、公益性、娱乐性、联谊性和职业性等不同类别的社会团体，如学会、协会、研究会、基金会等，在县级以上民政部门核准登记，是法人。第二种是民办非企业单位，2016年发布的《中华人民共和国慈善法》已经将民办非企业单位名称调整为社会服务机构名称，它是指企业事业单位、社会团体和其他社会力量和公民个人主要利用非国有资产举办的，从事非营利性社会事务和公共事务服务活动的社会组织，具体体现为民办医院、民办学校和民办研究机构等。第三种是基金会，是指通过自然人、法人或者其他非法人组织捐助或捐赠的财产，从事社会事务和公共事务的活动，满足困难群体和社会发展需要的非营利性法人。社会团体、社会服务机构和基金会，在县级以上民政部门注册登记，是法人组织。这是小范围的社会组织，如果是中范围的社会组织，还包括免登记的人民团体和群众团体、在编制部门注册登记的事业单位、在省级公安部门注册登记的境外非政府组织代表机构、在市场监督部门注册登记的企业以及在民政部门注册登记的宗教场所等法人和非法人组织。大范围的社会组织,除以上的小范围和中范围的以外,还包括未达到社会组织法定登记条件但达到一定规模的在街镇备案的社区社会组织以及主要在单个社区开展活动,规模较小、组织较为松散,未达到群众活动团队备案要求的社区活动小组,由居委会或村委会进行指导和管理。

多元参与强调社会治理中各种不同主体就某一个议题进行沟通与讨论,政府、企业和社会组织分别代表不同的机构角色共同参与社会事务和公共事务的决策制定、执行和监督,完成社会问题的解决。只不过,政府、企业和社会组织各自所扮演的角色有所不同。政府主要处理公共事务,少部分的精力和时间来处理社会事务,如果用数字来表示的话,政府承担公共事务的职责为90%,承担社会事务的职责为10%;企业主要处理社会事务,少部分的精力和时间接受政府的委托和授权承担公共事务的职责,如果用数字来表示的话,企业履行社会事务的服务为90%,履行公共事务的服务为10%;对社会组织来说,公益性组织承担100%的公共事务,接受政府的委托和授权,而互益性组织承担90%的社会事务,接受政府委托和授权的则为10%。也就是说,有些事务属于政府履行的,是独立的事务(e),与企业和社会组织无关,有些事务属于企业和社会组织行使的,也是独立的事务(f,g),政府介入得比较少,但有一个点很重要,政府、企业与社会组织都有共同的交叉点(a,b,c,d),形成多元参与和协同共治的基础。参见图0-1。

治理的社会实践发展至今,多元参与已成为社会治理内生的基本原则之一。上文阐述了多元参与的单一主体,但不同主体之间的互动,仍然需要进行详细的分析与介绍。我们可以把三个主体互动的过程简单地概括为三圈层互动。三个圈层的互动可以从三个维度上加以审视:

第一,政府圈与企业圈的互动。政府圈和企业圈之间的互动通常涉及政府主体视角和企业主体视角两个层面。政府主体视角,它与企业的互动,主要涉及两个方面:一是基本法律法规政策制定、基本法律法规政策监管执

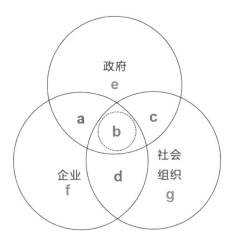

图 0‑1　政府、企业和社会组织的独立事务与交叉事务示意图

行和一般公共服务提供；二是经济政策的制定、经济监管执行和经济公共服务的提供。企业主体视角，它与政府的互动，主要涉及以下几个方面：一是执行政府制定的基本法律法规政策和经济法律法规政策；二是提供政府需要的产品和服务，包括与政府共建市场经济秩序和行业规范；三是向政府缴纳税收。通过政府与企业的互动，理顺政府与企业职责关系，促进社会基本秩序的建立和经济持续发展。

第二，政府圈与社会组织圈的互动。政府和社会组织之间的互动分为政府主体与社会组织主体两个部分。政府主体部分，包括政府对社会组织的政策支持、制度规范、监督指导和沟通协调，政府为承担公共事务服务的社会组织提供免税资格和税前扣除资格，确保社会组织能享受相应的税收优惠。社会组织主体的部分主要有以下几个方面：一是遵守政府对社会组织所确定的基本法律法规和政策；二是承接政府委托和授权的职能，提供相应的公共事务服务；三是帮助困难群体，维护社会基本秩序，追求公平正义；四是社会组织向政府提交免税资格和税前扣除资格的证明材料，为公益性事务和活动申请税收优惠；五是社会团体开展互益性活动，社会团体的会费收入申请税收减免政策；六是接受政府监督、检查和指导，接受政府所作出的社会组织撤销和其他相应的处罚。

第三，企业圈与社会组织圈的互动。企业和社会组织之间的互动通常涉及企业社会责任、公益事业和社会服务。以企业作为主体，企业通过捐赠款物、参与志愿服务等方式，与社会组织合作，参与公益活动，推动社会责任的履行。以社会组织为主体，有以下几个方面的互动：一是向企业提出劝募的要求，希望企业为慈善事业提供相应的款项和物资；二是在慈善事业活动中，动员企业员工参与相应的志愿服务活动；三是让企业的优秀人力资源流动到社会组织，把企业的商业运作模式与管理经验传递到社会组织，提高社会组织整体管理水平。

在中国，政府分为中央政府、省级政府、地级市政府、县级政府和街道乡镇政府五个层级。企业分为国有企业、民营企业和外资企业。社会组织分为民政部门注册登记的社会团体、社会服务机构和基金会。也可分为法人与非法人，法人除在民政部门注册以外，还包括在编制部门注册登记的事业单位、在市场监督部门注册登记的企业等。非法人包括境外非政府组织代表机构、在街镇备案的群众活动团队和不备案的社区活动小组。通过政府圈、企业圈、社会组织圈，再加上不同圈的不同层之间的情况，就出现丰富多彩的各种形式。

政府、企业与社会组织的这些互动关系构成了社会治理中的多元参与，其中每个元素都在社会事务和公共事务中发挥着重要的作用。

圈层互动引领了协作共治新模式。协作共治是建立在共同利益和目标的基础上，通过各方的合作与参与，共同管理和解决问题。这种模式旨在实现资源共享、责任共担，并通过协作达成更好的结果。协作共治要求政府圈、企业圈和社会组织圈各方相互信任、尊重彼此的权利和责任，并愿意共同承担风险和获得收益。协作共治强调的是共同体意识和团结合作，以实现更大范围的利益。

以圈层互动为形式的多元参与必然走向协作共治。随着社会问题日益复杂，单一主体难以独立解决所有挑战。政府、企业和社会组织各自拥有不同的资源和专长，只有通过协作共治，才能有效整合各方力量，共同应对复杂的社会问题。协作共治能够促进资源在不同圈层之间的优化配置。政府可以提供法律保障、制度支撑、政策支持和资金提供，企业可以运用商业化的思维和方式投入相应的技术和一定的资本，社会组织可以贡献相应的技术产品、服务产品、人力资源和社会资本。这种资源共享有助于提高社会治理的整体效率和社会效果。同时，现代社会强调民主参与和透明度。协作共治不仅能够增强政策制定的科学性和民主性，还能够通过多元主体的参与提高政策的透明度和公众的参与度，从而增强政策的合法性和提高公众的满意度。

概而言之，多元主体协作共治具有以下三个方面的内涵：第一，多元参与。多元参与是指在决策和行动中吸纳和整合不同群体、利益相关者和社区的意见、需求和资源的过程。这种参与形式旨在实现更广泛的代表性、更公平的决策和更有成效的行动。进一步地说，多元参与是一种参与式决策和行动的方法，它旨在确保各种群体和利益相关者在决策过程中都能够表达自己的声音，并且能够共同参与问题的解决和行动的实施。多元参与有以下几个方面的特点：一是这种参与形式强调包容性、代表性和民主性，旨在减少权力不平等，促进资源和利益的公平分配。从主体来看，涉及多个主体的参与，包括政府、企业、社会组织等以及可能受影响的利益相关者，如业主、居民。从重要性来看，多元参与夯实了社会的代表性和民主性。多元参与确保了各种群体和利益相关者的代表性，使得决策更具民主性和公正性。同时，多元参与吸纳不同声音和观点可以促进智慧集体的形成，确保决策的科学性程度更高和民主化程度更高。二是多元参与有助于推动可持续发展。因为它考虑了不同群体和利益相关者的需求和意见，可以更好地平衡经济、社会和环境的利益。三是多元参与强化了社会凝聚。通过多元参与，政府、企业，社会组织与社区和居民的凝聚力得到增强，因为人们可以通过多种渠道与方式加强信息沟通与交流，更好地理解和尊重彼此的观点和需求。第二，协商决策。政府、企业、社会组织和公众的不同主体之间通过协商、谈判等方式逐渐达成共识，共同制定决策和行动计划（根据不同的情况，政府、企业、社会组织分别作为决策的主体或参与主体）。这种协商决策是一种重要的决策模式，它强调各利益相关者之间的合作、协商和共识，旨在实现更广泛的代表性和更有效的决策和行动。从定义来看，以政府、企业、社会组织和公众为主体的协商决策是指在公共政策制定、商业战略制定和社会事务处理等过程中，各利益相关者之间进行协商、磋商和合作，以达成共识和制定决策的一种模式。这种决策模式注重多方利益的平衡和整合，旨在实现公共利益和可持续发展。从重要性来看，以政府、企业、社会组织和公众为主体的协商决策的重要性体现在多个方面：一是和多元参与一样，协商决策促进了决策民主。协商决策可以确保各利益相关者的代表性，使得决策更具民主性和公正性。二是协商决策强化了资源整合。政府、企业和社会组织拥有不同的资源和信息，通过协商决策可以更好地整合这些资源，提高决策的效益和可行性。三是协商决策促进了社会稳定。通过协商决策，可以减少利益冲突和社会不稳定因素，促进社会的和谐发展。第三，资源整合。政府、企业、社会组织和公众各主体整合资源，共同应对社会上出现的各种问题，包括人力资源、资金、技术、信息和物资等，共同承担一般和特殊的风险，共享风险过后的最终成果，形成合作共赢的总体局面，当然，不同主体运作方式不一样，最后的资源整合方式也有所差异，如政府往往会使用强制性的力量，企业往往采取利益驱动的力量，社会组织通常采用说服、动员的力量，每一种资源整合方式，体现出不同主体的主要特性。从定义来看，资源整合是指将不同来源、不同性质的资源进行有效整合和协调运用，以实现更大价值和效益的过程。

在当今现代社会，多元主体的资源整合越发显得重要，有较强的现实需要和实际可行性。一是通过资源整合促进资源优势互补。不同主体往往具有各自的资源优势,借助资源整合这种方式把资源最大的社会功能发挥出来,实现不同形式的互补,提高资源的整体效率,如政府主体在政策制定和公共资源配置方面具有较强的优势,企业主体在市场开拓、资本运行和商业模式等方面具有独特的优势,社会组织主体在人力资源、专业服务、志愿精神等方面有特别的优势,这三类主体通过资源整合实现不同程度、不同层面、不同区域的优势互补,促进社会资源的合理配置和利用。二是资源整合有助于解决复杂问题。面对复杂的社会问题,单一主体往往难以提供全面有效的解决方案。多元主体资源整合可以整合不同领域、不同专业的知识和经验,促进问题的多维度分析和解决方案的综合实施,提高问题解决的全面性和有效性,如以科层制运行的政府主体,凭借权威与公信力,可以迅速有效地解决问题,企业主体借助市场化的运作可以较多地考虑到利益相关者的合理利益诉求,社会组织主体则会通过沟通与协商的方式确保解决问题的方案最优化。三是资源整合优化资源配置,促进社会整体可持续发展。政府资源、企业资源和社会组织资源能够把各个方面的资源集聚,使资源整合优化资源配置,进而达到最大的社会效果。政府行使的是行政资源,具有强制性和垄断性,企业行使的资源是利益为主的市场方式,社会组织掌握的是社会动员的资源,让更多的人参与认同。四是资源整合有助于促进可持续发展。通过政府、企业和社会组织多元主体的资源整合,可以更好地确保非营利组织与营利组织的不同功能与特色,满足社会的需求与供给之间的总体平衡,处理好经济发展、社会公平和环境保护之间的相互关系,实现经济、社会和环境的可持续协调发展。

1949 年 10 月,中华人民共和国成立后,人民当家作主,天下为公的理念真正落到实处。自 1978 年 12 月中央实行改革开放政策以来,党和政府为推动有序的共治做出了积极的探索和实践。在城乡社区治理中,我国依循居民自治、依法治理和协商民主的路径,鼓励居民自我管理、自我教育、自我服务、自我监督,倡导政府、市场和社会组织等多种主体之间的协作共治。同时,我国政府也倡导推进生态文明建设,通过建立生态文明体制机制,促进政府、企业和公众共同参与生态环境治理,推动协作共治的理念在环境领域得到实践。在推动基层民主建设中提倡协作共治,鼓励各方通过协商民主的方式参与基层事务管理和公共事务决策,促进基层社会治理的协同共治。总的来说,我国在协作共治的发展历程中,强调政府、市场和社会各界的合作和共同参与,推动社会治理体系的现代化和民主化。

二、企业参与协作共治

现代化视域下的协作共治强调多主体协同,即随着技术与实践的不断成熟,在特定问题或领域中,多个独立的主体(可以是政府部门、企业、社会组织等)通过协商、合作和协调,共同参与决策制定、资源配置、风险管理等活动的治理模式。这种治理模式强调多方参与、协商一致和合作共赢,以应对复杂的社会、经济和环境挑战。

企业参与多主体治理具有独特优势。企业拥有较丰富的财力、技术和人力资源,能够为多主体治理提供必要的支持和投入,推动共同目标的实现。科技创新是现代化治理体系的基石,企业可以发挥在数字化和信息技术领域的优势,助力社会治理现代化。企业通常具有较强的创新能力,能够为多主体治理提供新的解决方案和技术支持,促进解决方案的不断优化和创新。企业在运营和管理方面积累了丰富的经验,能够为多主体治理提供有效的组织、协调和执行能力,推动治理活动的高效开展。正因如此,企业成为多主体协作不可或缺的力量。具体来看,企业参与协作共治的方式多种多样,可分为四种形式。

(一)与利益相关者进行对话

社会治理的利益相关者是多元而复杂的,有效的利益相关者管理是实现社会治理可持续和谐的关键。各方应当在平等、包容的基础上,加强沟通和合作,共同推动社会治理向着更加公正、包容和可持续的方向发展。因此,做好利益相关者的管理对协作共治而言就显得尤为重要。

1. 何为与利益相关者对话

与利益相关者对话是指企业与其业务活动可能影响到的各方进行沟通和交流的过程。与利益相关者进行对话有助于企业更好地理解其社会责任,预测和管理风险,提高企业的透明度和责任管理能力,同时也能够提升企业的社会形象和品牌价值。在社会治理中,各种利益相关者之间存在着不同的利益诉求和冲突。有效的利益相关者管理需要在政府、企业、社会组织和公众之间进行利益平衡和协调,寻求各方利益的最大公约数,以实现社会治理的可持续与和谐发展。社会治理的利益相关者应当在决策和治理过程中得到充分参与和自我表达的机会。政府应当积极倾听各方声音,建立多元化的决策机制和治理体系,使得各种利益诉求能够得到充分表达和照顾。信息公开和透明是有效的利益相关者管理的重要保障。政府和企业应当及时公开相关信息,对社会治理的决策和行为进行公开透明,以建立公众信任和监督机制。政府、企业和社会组织和公众应当承担起相应的社会责任,尊重各方利益,积极参与社会慈善事业,推动社会治理向着更加公正、包容和可持续的方向发展。

2. 与利益相关者对话的特点

在复杂多变的社会环境中,对有志于深刻融入社会治理进程的企业而言,与利益相关者之间进行对话至关重要。企业积极参与协作治理网络建设,已成为自身实现可持续发展和社会责任的关键机制。与利益相关者对话不仅是信息交流的平台,更是构建信任、促进理解和形成共识的重要途径。与利益相关者对话的过程,就是社会治理的各方共同构建一个多维度的沟通框架。企业在对话中能更好地响应社会期望,预测和管理风险,同时为利益相关者提供更广泛地参与决策的机会。良性的与利益相关者对话主要有四大特点。一是包容性。对话应包括所有主要利益相关者,确保不同的声音和观点都能得到重视。对话的起点是识别和确定所有可能受企业决策和活动影响的个人或团体,包括但不限于企业内部人员、客户、供应商、群众、政府部门、社会组织及任何可能受到企业行为正面或负面影响的群体。企业要确保对话主体的代表性,确保不同群体的利益都能得到表达和考虑。二是开放性。沟通环境应鼓励开放表达,利益相关者可以自由分享各自的诉求。对话环境应保障利益相关者拥有表达自己观点和诉求的权利,无论这些观点是否与主流意见一致。企业在这一过程中也要展现出接受批评和反馈的意愿,即使是负面的反馈也是改进和发展的机会。三是互通性。对话是一个双向过程,不仅企业需要倾听,同时也要表达自己的观点和计划。企业在表达自身参与社会治理的目标、计划和策略的同时,也应积极获取利益相关者的信息,从而对自身所处的治理生态位及治理全局获得更全面的理解。四是透明性。有鉴于企业活动可能对治理全局带来的外部性,企业应在利益相关者对话中尽可能提供透明的信息,包括业务操作、决策过程和潜在影响。对于企业活动可能产生的社会、环境和经济影响,无论是正面和潜在的负面影响,企业应提供清晰的沟通。

3. 与利益相关者对话的重要性

需要注意的是,此处所指的利益相关者是指在社会治理过程中受到影响或能够影响社会治理决策、行为或结果的各种个人、群体或实体。这些利益相关者包括了政府部门、其他企业、社会组织及普通公民等,它们在社会治理中扮演着不同的角色,拥有不同的利益诉求和影响力,对于社会治理的效果和方向产生着重要影响。政府部门是社会治理中最重要的利益相关者之一。首先是政府部门,政府部门包括中央政府、地方政府及各种行政机构,负责制定和执行各种政策、法规和规划,对于社会治理的方向和效果有着直接的影响。中央政府负责国家整体发展战略、宏观政策和重大改革,对于整个国家的社会治理具有决定性的影响力。地方政府负责本地区的经济发展、社会管理和公共服务等事务,对于地方社会治理具有直接责任和影响力。企业与政府广泛开展对话,对于双方均有裨益。于政府而言,可以及时获得政策实施中问题的反馈,从而调整和优化政策,提高政策的适应性和灵活性。于企业而言,可以更清晰地认识到自己在社会治理中的角色和责任。这种认识有助于企业在追求经济利益的同时,更加重视社会责任和可持续发展,实现经济效益与社会效益的双赢。同时,通过定期和开放的对话,政府和企业可以建立起相互信任的关系。这种互信是协作共治的基石,有助于双方在面对共同挑战时形成合力,有效推进社会治理。其次是社会组织。社会组织在社会治理中扮演着越来越重要的角色。它们包括了社会服务机构、环保组织、人权组织,还有登记或认定的慈善组织等,代表了一系列社会诉求和利益,对于政府的政策制定和执行起着监督、建言和服务的作用。因此,社会组织在解决特定社会问题上往往具有专业知识和实践经验。企业通过与社会组织的对话,可以借鉴和引入这些专业知识,共同探索创新的解决方案,提高解决社会问题的效率和效果。最后,社会治理的利益相关者还包括企业。就企业自身而言,企业作为社会治理的一部分,其经营活动和社会责任承担对于社会治理具有重要影响。企业在社会治理中既是受益者,也是责任方,其在经济活动、创造就业机会、环境保护和承担社会责任等方面都会对社会治理产生重要影响。企业间的对话有助于共同制定和遵守行业标准,提升整个行业的运营质量和服务水平。通过协作,企业可以共同应对行业内的挑战,如环境保护、产品质量和职业道德等,也可以加强社会责任的履行和可持续发展的推进。企业可以共同参与社会公益活动,推动环境保护和社会福利项目的发展,共同为社会的可持续发展作出贡献。总体来说,企业与利益相关者合作的根本动机是实现共同利益。政府能够借助企业的力量提高公共服务的质量和效率,企业能够通过参与社会项目提升自身的社会价值和市场竞争力,社会组织能够扩大其影响力和项目的覆盖范围。在这一过程中,社会资源得到合理配置,社会治理效能得到优化,各方都在协作之中实现了帕累托最优①。

（二）行业倡导与标准制定

倡导与标准主要作用于市场环境的治理。企业与政府在行业倡导和标准制定方面的合作是推动行业发展、提升行业整体水平的重要机制，是企业、行业协会和其他利益相关者推动行业内部和外部对其重要性、价值和需求认识的活动。这种合作模式不仅有助于形成统一的市场规则，还能够确保产品和服务的质量与安全，促进公平竞争，同时响应社会和环境的可持续发展要求。

1. 何为行业倡导与标准制定

行业倡导指的是企业、行业协会为了推动行业内部和外部对其重要性、价值和需求的认识，而进行的一系列活动。这种倡导活动旨在形成统一的市场规则，确保产品和服务的质量与安全，促进公平竞争，并响应社会和环境的可持续发展要求。随着全球化和技术的发展，行业面临的挑战日益复杂，需要企业与各治理主体共同努力来应对。企业联合政府、社会组织在行业倡导上的合作可以共同确定行业的发展方向，制定相应的政策，确保行业健康、有序和可持续发展。

标准制定是确保产品和服务质量、安全和兼容性的关键。首先，企业与政府借由一系列流程在标准制定中展开合作。企业有效识别行业和市场中存在的标准需求，确定需要制定或更新的标准领域。其次，企业、行业协会和政府机构共同参与标准的起草工作，确保标准科学、实用并符合行业发展趋势。下面进入公开征求意见的环节，收集行业内外部的反馈意见，确保标准的广泛接受和适用性。再次，政府对起草的标准进行技术审查和政策评估，必要时进行修改，最后由政府或授权机构批准。标准进入运行阶段后，还要依赖长效的监督与评估机制。建立监督机制，定期评估标准的实施效

---

① 帕累托最优（Pareto Optimality），是指资源分配的一种理想状态。在帕累托最优下，不可能在任何一方境况不变的前提下，使至少一方境况变好。

果,必要时进行修订和更新。

2. 行业倡导与标准制定的特点

行业倡导与标准制定是确保行业健康、有序和可持续发展的重要机制。

一是多方参与。行业倡导与标准制定通常涉及政府、企业、社会组织等多治理主体的参与。政府在行业倡导与标准制定中扮演着关键角色,负责制定和实施相关政策和法规。企业直接参与标准的实施,并在实际操作中提供反馈意见;通过技术进步推动行业标准的更新和发展;为行业标准的制定和实施提供必要的资金支持。以行业协会商会为代表的社会组织集合行业内企业的共同利益,向政府和其他利益相关者传达行业的需求和建议;组织行业内的讨论和协商,形成行业共识;收集和分析行业宏观局势,为标准制定提供依据。二是共识形成。共识形成是行业倡导与标准制定中的一个关键环节,它确保了不同利益相关者能够在行业发展的关键问题上达成一致意见。通过开放的讨论和协商,不同治理主体就行业发展的方向、政策和标准达成共识。讨论是开放的,允许所有利益相关者表达自己的观点和担忧。这种开放性鼓励透明交流,有助于建立信任和理解。三是科学依据。标准制定基于科学研究和实证数据,确保标准的科学性、实用性和前瞻性。标准制定基于实证数据和统计分析,确保决策过程有数据支持,减少主观性和偏见。对现有技术进行评估,确保标准反映当前技术水平,并为技术创新留有空间。四是公开透明。标准制定过程公开透明,广泛征求社会意见,确保各方意见都能得到考量。在标准制定的早期阶段,政府通过公开征求意见,收集来自不同利益相关者的建议和反馈;将标准草案对公众公开,以便各方了解标准制定的进展和依据;建立有效的反馈机制,允许公众和其他治理主体对标准草案提出修改建议和异议。

3. 行业倡导与标准制定的重要性

企业与治理主体在行业倡导和标准制定中的合作具有四点优势。一是资源整合。集合政府的宏观调控和企业的微观运作,形成强大的资源整合能力。二是信息共享。企业和治理主体之间的信息共享有助于提高决策的透明度和效率。三是维护共同目标。合作各方共同致力于行业的长期发展和公共利益的保护。四是提升公信力。在行业倡导与标准制定的过程中,无论是企业还是政府、社会组织的公信力都得到了提升。合作制定的标准更容易获得行业内外的认可和信任。

企业与治理主体在行业倡导和标准制定方面的合作,对于提升行业竞争力、保障消费者权益、促进技术创新和实现可持续发展具有重要意义。通过这种合作,可以形成有效的行业治理机制,推动行业向更加规范化、专业化和国际化的方向发展。同时,这也有助于构建健康的市场环境,增强公众对行业的信任,为社会的长期繁荣和稳定奠定基础。

(三)社会企业

在当今快速变化的社会环境中,传统的商业运作模式和社会问题解决机制正面临着前所未有的挑战。随着公众对社会责任和可持续发展的日益关注,一种新型的组织形式——社会企业,应运而生。社会企业也是协作共治实践的一个重大创新,以其独特的运作模式和价值追求,为协作共治实践带来了全新的模式,例如华米模式在社会企业责任方面的实践与探索。

1. 何为社会企业

从定义来看,社会企业是指在商业活动中追求经济可持续性的同时,致力于解决社会问题、改善社会福祉或保护环境的组织。这种企业类型的目标不仅仅是营利,还包括创造社会价值。社会企业通常会将社会使命融入其商业模式,通过商业手段解决社会问题。社会企业的概念可以追溯到 19 世纪的欧洲,最早出现在英国和德国。然而,社会企业的概念在 20 世纪末和 21 世纪初才开始引起广泛关注。在过去的几十年里,社会企业逐渐成为了商业和社会发展领域的热门话题。

2. 社会企业的特点

企业的角色正在经历深刻转变。不再仅仅追求利润最大化,现代企业逐渐承担起社会责任,推动经济、社会和环境的和谐发展。社会企业便是这一转变的典范,它们以其独有的特征和价值追求,成为推动社会进步和创新的关键力量。社会企业主要有四个特点。一是社会责任导向。社会企业将社会使命融入其商业目标,通过商业活动解决社会问题。社会企业在成立之初及发展过程中,就会明确自身社会使命,通常涉及解决某一社会问题或满足某一社会需求,如教育平等、环境保护、公共卫生等。社会企业将社会使命与商业目标相结合,让企业的经营活动既能实现经济上的可持续性,又能推动社会问题的解决。在战略规划和决策过程中,社会企业将社会责任纳入考量,确保企业的长期发展与社会价值的实现相协调。二是可持续发展。社会企业与其他企业一样,需要追求经济利润,保证自身实现商业维度的发展。但同时,社会企业更注重长期发展而非短期利润。社会企业通过长期的视角规划业务,让自身能够持续地为社会目标服务。三是创新性。社会企业通常以独特的商业模式、产品或服务解决社会问题。社会企业会突破传统的商业框架,利用创造性的商业模式来解决社会问题,通过新的价值链整合方式、独特的市场进入策略,或利用技术驱动来提升产品和服务的价值。这种创新不仅是为了盈利,更是为了实现社会使命。社会企业利用互联网平台,降低成本,提高覆盖面,从而在更大范围内产生社会影响。四是透明性。社会企业通常注重透明度和责任,向社会公众公开自身的财务绩效和社会绩效。也就是说,社会企业的信息披露不仅仅是财务指标,还包括自身在实现社会使命方面的进展。这种透明度使得公众和社会治理主体能够清晰地看到企业的运作情况,并评估社会企业对社会的贡献。可见,社会企业在很大程度上是一种商业模式的概念,其核心目标是不仅仅追求经济利润,还要为社会和环境作出积极的贡献。这种商业模式的兴起反映了社会对商业责任和可持续发展的关注。

3. 社会企业的重要性

社会企业对经济、社会和环境都产生了积极影响。在经济层面,社会企业通过创造就业机会和促进经济增长,为社会经济发展作出贡献。在社会层面,社会企业通过提供社会服务、改善社会福祉,帮助解决社会问题。在环境层面,社会企业通过可持续经营和环保行为,促进环境保护和可持续发展。随着社会对可持续发展和社会责任的重视不断增加,社会企业将继续发挥重要作用。未来,社会企业可能会面临新的挑战和机遇,例如与传统企业的竞争、社会影响力的扩大以及全球性问题的解决等。因此,社会企业需要不断创新,寻求商业模式和社会使命的更好结合,以应对未来的挑战。

社会企业作为一种新兴商业组织,正在成为推动社会可持续发展的重要力量。通过社会企业的发展,我们可以看到商业和社会责任之间的融合,以及经济、社会和环境利益之间的平衡。未来,社会企业将继续在商业领域和社会发展中发挥重要作用,为建设更加公平、和谐和可持续的社会作出贡献。

(四)环境、社会与治理(ESG)

企业在经济活动中,除了追求经济利润以外,还要承担更多外部的责任,这是 ESG 概念的源头。企业不仅要关注自身的财务表现,还需要考虑其对环境、社会和治理结构的影响。通过全面践行 ESG 原则,企业不仅能够实现长期的可持续发展,还能在日益复杂的社会环境中保持竞争优势。ESG框架下的企业行为关注环境保护、社会责任和良好的公司治理,这些行为直接或间接地影响着社会的整体治理效果。通过践行 ESG 原则,企业不仅在经济活动中追求利润,还努力减少对环境的负面影响、改善社会福利,并建立透明、高效的治理结构,这些都与社会治理的目标高度契合。

1. 何为 ESG

ESG 是环境(environmental)、社会(social)和治理(governance)三个英文单词首字母的缩写,它是一套评估企业在可持续发展方面表现的标准和指标。ESG 标准被投资者、消费者、监管机构以及其他利益相关者用来评估企业的非财务绩效,尤其是在其对环境的影响、社会责任的履行以及内部治理结构的健全性方面。环境维度涉及企业对自然资源的使用、能源效率、碳排放、废物管理和污染控制等方面。企业的环境责任包括减少对生态系统的负面影响,推广绿色技术和实践,以及提高资源的循环利用率。社会维度关注企业如何维护自身良好的社会影响,例如员工的健康与安全、劳动权利、多样性和包容性、社区参与和客户福祉等。企业需要确保其业务活动尊重人权,促进社会公平,并为社会的整体福祉作出贡献。治理维度涉及企业的领导结构、决策过程、股东权利、道德行为和透明度等。良好的公司治理能够降低企业运营风险,提高企业的长期价值,并增强投资者和其他利益相关者的信心。

2. ESG 的特点

ESG 作为现代企业管理的重要框架,正受到持续关注。它深刻影响着企业的长期发展和社会责任的履行。它指导企业在复杂的社会经济环境中实现可持续发展。ESG 的特点可分为三个方面。一是稳健行动。ESG 的一个核心特点是关注企业的长期可持续性和风险管理。企业基于系统性地评估环境、社会和治理因素,识别并管理潜在的非财务风险,这不仅有助于企业的长期生存和繁荣,还能提高其在社会中的声誉和竞争力。二是多元参与。ESG 注重与多元治理主体的互动和合作,包括政府、其他企业、社会组织。基于透明的信息披露和积极的沟通,企业能够更好地理解并响应利益相关者的需求,确保其商业行为符合社会期望,促进多方共赢。三是创新驱动。ESG 推动企业在社会责任和环境保护方面进行创新。不仅包括开发新的技术和产品来减少环境影响或解决社会问题,还涉及创新的治理结构和流程,提高公司治理的效率和透明度。

3. ESG 的重要性

ESG 与协作共治理念不谋而合。ESG 的核心目标是推动企业在经营活动中考虑环境保护、社会责任和良好的治理结构。这与协作共治通过多方面的合作实现社会、经济和环境可持续发展的目标相一致。同时,ESG 理念强调企业不仅要关注股东的利益,还要关注其他利益相关者的需求,包括员工、客户、供应商和社区等。协作共治是一种涉及多个利益相关者参与的治理模式,它鼓励企业与政府、社会组织和公民个体共同参与社会问题的解决。此外,良好的公司治理是 ESG 的关键组成部分,它要求企业提高透明度、加强内部控制并负责任地行事。在协作共治中,企业通过与各方的合作,共同承担责任,提高决策和行动的透明度。此外,ESG 有助于企业识别和管理与环境及社会相关的风险,而协作共治提供了一个平台,让企业能够与政府和其他组织共同应对这些风险,通过集体行动减少潜在的负面影响。此外,从创新角度出发,ESG 鼓励企业创新,开发新的产品和服务来解决环境和社会问题。协作共治模式为企业提供了与政府和社会组织合作的机会,共同探索和实施创新解决方案。另外,ESG 原则经常与政府的政策和法规相一致,要求企业在遵守这些政策和法规的过程中,通过协作共治与政府建立合作关系,共同推动社会治理的改进。对企业自身而言,ESG 的实践有助于企业长期创造价值,通过可持续的经营实践,企业能够在协作共治中发挥更大的作用,增进社会的整体福祉。

总之,ESG 和企业参与协作共治之间的关系是互补和相互加强的。企业通过实施 ESG 原则,能够在协作共治中发挥积极作用,共同推动社会、经济和环境的和谐发展。在当今全球范围内,ESG 已成为企业可持续发展的重要评价标准。从长远来看,这有助于提升企业的价值和竞争力。未来,ESG 将成为企业管理的重要标准,企业需要积极应对这一趋势,不断提升自身的 ESG 管理水平,以实现可持续发展的目标。

三、华米如何践行社会企业的社会责任

华米信息技术(上海)有限公司(以下简称"华米公司")成立于上海,从2016 年开始,公司以自主开发的实证调研平台"大人来也",开始为政府、企

业提供监管侧的创新抓手。基于一款互联网工具以及相关的实证调研标准，华米通过"任务发起—任务接受—任务执行—任务审核—发放酬劳—数据报告"的可视化、可量化模式，为管理者解决经费有限、人手短缺、覆盖不全、信息不对称、数据缺失、组织协调难、社会效应弱等问题，从而高效、透明地帮助管理者满足个性化的工作需求。"大人来也"平台投入运营以来，已经服务了多个城市的各级、各条线监管部门，携手创造了很多管理创新项目，比如覆盖全市小餐饮单位的"佛山市食品安全辅导与提升"，促进外卖平台自我净化的"上海市网络订餐监管公示名单"，常态化全方位监管旅游景区的"无锡 A 级景区神秘游客监管"等。管理部门真正做到了"花小钱，办大事"，而且做到了社会效益和经济效益的双提升。公司的创始团队中有 3 名博士，分别毕业于上海交通大学、中国科学院大学和日本早稻田大学，目前已有上百家企业和管理部门使用了"大人来也"合规服务。

　　总体而言，华米公司主要依循三条线索参与协作共治。一是与政府合作。华米公司为政府提供监管侧的创新抓手，通过"大人来也"平台，与各级、各条线监管部门合作，开展多个管理创新项目，如食品安全、网络订餐监管公示名单和旅游景区监管等。这种合作使得政府能够通过数据驱动的方式实现更高效、透明的监管，从而提升社会效益和经济效益。二是与企业合作。华米公司已向上百家企业和管理部门提供了"大人来也"合规服务。这种合作为企业提供了解决经费有限、人手短缺、信息不对称等问题的途径，从而提高管理效率和满足个性化的工作需求。三是技术创新。通过自主开发的实证调研平台，华米公司为多主体提供了一种可视化、可量化的模式，帮助管理者解决各种管理难题。这种技术创新为多主体治理提供了新的解决方案，推动管理方式的升级和优化。此外，公司的创始团队拥有丰富的教育背景和专业知识，这些资源为多主体治理提供了专业化的支持，促进了合作伙伴间的深度合作和共赢。

　　本书探讨了十年来华米公司作为一家社会企业，为助力协作共治所做的积极努力。力求以企业发展过程为纵轴,以公司的业务特色为切面,全方位记录并研究公司在包容治理道路上的探索,起到抛砖引玉之效果,同时邀请更多相关领域的研究者、从业者、实践者能够一起参与这项有价值的事业,为助力科技进步、社会发展竭尽所能,为推动行业创新贡献力量。

第一章　包容参与：协作共治的基础

　　若将协作共治视为参天大树,包容参与的整体氛围就是不可或缺的肥沃土壤。这一章节将深入探讨包容参与如何为构建一个更加公正、更加透明和更加高效的社会治理体系奠定扎实的基础。包容参与的核心在于确保不同利益相关者的声音都能被听见,无论是政府、市场、社会组织还是普通公众,都能在社会治理中找到自己的位置并发挥积极的作用。通过分权、协商和合作的机制,创新治理的活力被激发,并最终实现共建共治共享的可行目标。我们将探讨分权如何促进灵活高效的治理结构,协商如何成为解决社会矛盾的重要手段以及合作如何推动社会团结和各种资源的有效整合与利用。

　　社会化治理过程是指政府、企业、社会组织等社会治理主体共同参与社会问题的解决和社会事务的管理的动态过程。政府、市场、社会组织和公众等各种社会力量通过分权、协商和合作来共同解决社会问题、管理社会事务的过程,实质上就是社会化治理的过程。这个过程不仅强调各个主体在社会治理中的角色和责任,还关注如何通过互动和协作来实现更有效、更公平和更可持续的社会管理。包容参与的理念在主体协作的环节处处体现。一是多元主体的广泛参与。包容参与的理念首先体现在多元主体的广泛参与上。在现代社会治理中,政府、企业、社会组织、社区居民等各个主体都是治理过程的重要参与者。包容参与强调在协作过程中,应确保各方主体的平等参与和话语权。这不仅包括传统的政府与企业,还包括困难群体、社会组织、社区代表等。他们的参与使得治理过程更加多元化和全面化,从而保证决策的科学性和合理性。例如,在城市规划过程中,包容参与要求相关部门不仅要听取专家和开发商的意见,还要充分考虑社区居民的需求和建议,确保城市发展符合公共利益。二是协商民主与对话机制。包容参与的理念在主体协作的另一个重要体现是协商民主与对话机制的建立。在包容参与的框架下,决策不再是自上而下的指令性过程,而是一个通过协商与对话实现共识的过程。在这一过程中,各主体通过公开透明的沟通平台,表达各自的利益诉求,交换意见,并通过协商达成共识。这种协商民主机制不仅提高了决策的民主性和透明度,也增强了参与者对决策结果的认同感。例如,在环境保护项目中,政府部门可以通过设立公众咨询会或专家研讨会的形式,听取各方意见,并根据反馈调整政策,从而使政策更具包容性和可行性。三是资源整合与共享。包容参与还体现在资源整合与共享的环节中。在社会治理中,各主体往往拥有不同的资源和优势,如政府掌握政策和法律资源,企业具备技术和资金优势,社会组织和社区居民则拥有对实际需求的深刻理解。包容参与的理念强调在协作过程中,各主体应通过合作实现资源的整合与共享,从而最大化社会效益。例如,在社会服务项目中,政府可以提供政策支持,企业可以提供资金和技术,社会组织则可以提供专业服务,而社区居民则可以提供志愿者服务和反馈。这种多主体的资源整合不仅提高了项目的效率,也增强了社会的凝聚力。四是利益平衡与冲突调解。在多元主体的参与过程中,利益冲突在所难免。包容参与的理念强调通过协商与对话机制,平衡各方利益,化解冲突,实现共赢。在主体协作的各个环节中,利益平衡是一个核心议题。通过建立有效的利益协调机制,包容参与能够在不同主体之间找到一个平衡点,使各方在合作中都能获得应有的利益,从而推动合作的顺利进行。例如,在公共工程项目中,政府、开发商和当地居民的利益可能不一致。通过包容参与的对话机制,各方可以在讨论中寻求共识,最终达成一个各方都能接受的解决方案。五是增强社会信任与凝聚力。包容参与的理念在主体协作中还体现为增强社会信任与凝聚力的功能。在协作过程中,各主体通过广泛参与、平等对话和资源共享,增进了相互之间的理解和信任。特别是在多元利益主体之间,通过包容参与的方式,不仅可以增强合作的效果,还可以促进社会的整体凝聚力。例如,在社区治理中,政府与社区居民之间的信任往往是合作成败的关键。通过包容参与的实践,如社区会议、居民代表大会等,政府可以更好地听取居民的意见,居民也可以更好地理解政府的意图,从而形成一种良性的互动关系,增强社会的整体凝聚力。六是提升决策质量与执行力。包容参与的理念在主体协作中的最终目标是提升决策质量与执行力。在治理过程中,只有通过多元主体的广泛参与和充分协作,才能保证决策的科学性和合理性。通过包容参与,各主体不仅在决策中贡献了各自的智慧和资源,也在执行过程中形成了强大的合力。这种合作与协同,能够有效提升政策的执行力,确保各项措施落到实处。例如,在公共卫生项目中,各主体通过包容参与制定出的政策,往往更具可操作性和社会接受度,从而在实施过程中获得更大的支持和更高的执行效率。

包容参与的理念在主体协作的各个环节中得到了全面体现。从多元主体的广泛参与、协商民主与对话机制的建立,到资源整合与共享、利益平衡与冲突调解,再到增强社会信任与凝聚力,以及最终提升决策质量与执行力,包容参与的理念贯穿于整个协作过程。通过这一理念的践行,各个主体能够更加有效地合作,推动社会治理的高效化、公正化和可持续化发展。包容参与不仅是社会治理的核心理念,也是实现社会和谐与进步的重要途径。具体而言,包容参与的理念强调多元主体的参与和社会资源的整合利用,体现出一种分权、协商和合作的上层逻辑。

一、包容参与的上层逻辑

包容参与的理念强调通过多元主体的广泛参与和社会资源的有效整合,实现更全面、更具包容性的社会治理。这一理念的核心在于打破传统的单一治理模式,代之以多方协作、共同决策的治理框架,确保不同治理主体在社会治理过程中都有发声和参与的机会。分权、协商和合作构成了包容参与的上层逻辑。分权使得治理权力能够下放到更贴近社会问题的地方和组织,赋予政府和社会组织更多的治理自主权。协商则通过多方利益相关者的对话和协调,达成共识,确保治理过程的公正和透明。合作是实现治理目标的关键,它不仅包括资源的共享和任务的分担,还涉及不同主体之间的信任建设和长期合作关系的建立。分权、协商和合作这三者相互作用,形成了包容参与的上层逻辑,推动社会治理朝着更加开放、民主和高效的方向发展。

(一)何为分权、协商与合作

分权是社会化治理过程的基础,指政府将部分专项管理权力下放给下级政府、社会组织或个人,以实现更灵活和高效的治理结构。通过分权,政府、企业、社会组织和公众能够更贴近实际情况,做出更具针对性的决策和行动,从而提高治理的效率和合法性。权力下放包括两部分:一部分是授权,另一部分是委托。授权往往是指法律上的权力下放。《中华人民共和国行政许可法》第二十三条规定:"法律、法规授权的具有管理公共事务职能的组织,在法定授权范围内,以自己的名义实施行政许可。"得到行政许可的企业和个人,就可以提供相应的社会事务和公共事务。委托往往是政策性的权力下放,是指委托人授权他人代表自身行使合法权益的行为。如果被委托人违背国家法律或超出授权范围行事,委托人有权终止委托协议。政府部门在其职权职责范围内,依法将其行政职权或行政事项委托给有关行政机关、社会组织或个人。被委托人以委托机关的名义实施管理行为和行使职权，并由委托机关承担法律责任。不管是授权还是委托，都体现为权力的下放。这种权力下放的目的在于提供公共服务的一方，能够较好地了解和熟悉实际情况，寻找到最合适的方式满足接受服务方的需求，提高决策效率和执行效率，取得较好的社会效果。从政府来说，分权的实施可以体现在不同的方面，包括教育、科学、文化、卫生、环境等，最明显的分权体现在财务方面，特别是经费的分配与使用。无论表征如何、实施如何，分权的核心始终在于权力下放，辅以建立相应的指导机制、监督机制和责任机制，以确保下级政府行使权力的合法性和合理性，同样，企业和公众在使用这些下放的权力时也有它的合法性和合理性，确保效率的整体提升。

协商是指不同利益相关者之间就共同关心的问题进行讨论、协调和达成一致意见。在社会治理中，利益相关者有许多，包括工人、农民、教师、政府官员、律师、白领、业主、新闻记者、企业经理等，他们在协商过程中会有不同的要求和表现。协商是解决各种社会矛盾和冲突的重要手段，借助协商这种方式可以确保利益相关者间有较好的信息沟通，提出各自的关切需求，促进各方利益的平衡，找到最大公约数，实现各方共赢。有效的协商实施最重要的一个因素是形成一个机制，这个机制就是公平公正的协商机制，为提供相关者各方所接受，通过公平公正的协商机制，最终达到保障各方利益平等对待，没有大的矛盾与冲突，为利益相关者各方所接受。

合作是指社会中各方为了共同的利益目标而进行的协同努力。在社会治理领域，合作的主体往往体现为政府、社会组织、企业和公民之间的合作。政府包括一级政府和部门政府，一级政府指乡镇政府、县级政府、地级市政府、省级政府、中央政府，部门政府主要从工作领域或范围来划分，如教育、科学、民政、文化、卫生、环境保护等方面。不论是与一级政府的合作，还是与部门政府的合作，可以是在特定项目或议题上展开，也可以建立起长期稳定的合作关系。合作的核心在于信息的沟通与交流、资源共享和优势互补，通过合作可以了解相互之间的信息，提高相互之间的信任度，确保治理高效率，满足社会现实需求和合理需求，推动社会高质量发展。

分权、协商、合作是社会化治理的三个基础性要件，三者互为表里，缺一不可，它们形成有机的统一体，共同促进了社会化治理的有效运作，充分表达利益与意见，减少重大矛盾与冲突的出现，达到较好的社会效果。

（二）分权、协商与合作的重要性

在社会化治理中，分权、协商和合作是关键的三大要素，各自发挥着重要作用，共同推动社会治理的有效运作。分权通过下放权力，促进了灵活高效的治理结构的形成，激发地方政府的创新能力和有序发展，并增强公民的参与意识。协商则作为沟通和调解的桥梁，促进信息的交流、利益的平衡、民主意识的增强以及社会矛盾的解决。而合作作为连接各方资源的纽带，推动了资源的共享、共建共治共享目标的实现以及社会团结的增强。这三个要素相互依存、紧密结合，共同构建了一个高效、公正和稳定的社会治理体系。

分权在社会化治理中的作用主要体现在以下三个方面：一是促进灵活高效治理结构的形成。为了更好地了解情况，及时地处理事务，满足现实需求，分权可以让更多的权力下放到下级政府、企业、社会组织和公民，包括基层，形成灵活高效的治理结构，使得决策与执行更加贴近实际情况，消费者和受益人群的意愿得到充分尊重，从而提高治理的灵活性和高效性，提高需求的满足程度。二是激发地方创新和有序发展。分权可以激发地方政府、企业、社会组织和公民的创新意识，根据不同主体的实际情况采取适应本地区、本部门、本领域的措施，推陈出新，用新的思维、新的方式、新的手段解决新旧问题，从而推动地方经济社会的有序发展。三是增强公民参与意识。通过分权，明确职责权利，可以激发更多的利益相关者积极主动地参与社会治理，让更多政府、企业、社会主体参与到不同领域、不同类型、不同层级的社会治理中来，充分发挥社会治理主人翁精神，增强参与意识，提高社会责任感,确保社会事务和公共事务的处理更趋合法、合理和公平。

协商在社会化治理中的作用体现在以下四个方面:一是相互信息沟通与交流。协商的前提是互相之间认识与了解,对利益相关者的各方面情况做到心中有数,可以根据不同的情况,采取不同的沟通方式与交流渠道,如大众人群,可以采取线下见面聊天的方式;熟悉互联网等技术的人群,可以采取线上沟通的方式。二是平衡多元利益。在社会治理中,不同利益相关者之间存在着各种各样的利益冲突,但这些利益冲突的类型是不一样的,有的是一般的利益冲突,有的是根本性的利益冲突,有的是显现的利益冲突,有的是潜在的利益冲突,针对不同的利益冲突类型,采取不同的协商方式,确保通过协商有助于促进多元利益的平衡,实现合法利益、现实利益或显现利益的最大公约数,同时维护潜在利益不受大的损害。三是增进民主意识。由于不同的利益相关者有不同的行为方式,从大的方面看,政府的协商方式行政性的程度会高一些,企业和社会组织的协商从地位上平等性会考虑多一些,公民的协商自主性的意识会强一些。因此,在协商过程中需要考虑不同利益相关者的行为方式,通过沟通与交流,增进利益相关者的民主意识,提高他们对社会治理的认同感和参与度。四是解决社会矛盾。相互之间的认识与了解不是目的,利益相关者各自的意见表达和利益意愿也不是目的,最大公约数在于达到一致的意向,所以,协商是解决社会矛盾的重要手段,通过协商化解不同利益相关方之间的矛盾,确保不同的意见逐渐形成一种共识,最大限度地减少分歧点,推动社会和谐稳定发展。

合作在社会化治理中也是一个不可或缺的要素。合作有三个方面的功能。一是促进资源共享。不论是政府、企业、社会组织,还是公民,各个利益相关者之间有不同的需求和利益上的要求,但各个利益相关者所拥有的资源是不一样的,如政府它掌控着特殊的强制性权力;企业能提供独特的产品和服务,拥有较好的商业运作模式;社会组织则掌握着提供社会事务和公共事务的专业技术;公民在社会中有广泛的网络资源和社会资本。这些利益相关者所掌握的资源,只有通过合作才能共享,使单一资源变成复合资源,促进资源的优势互补,发挥资源集聚作用,提高社会治理效率,达到较好的社会效果。二是推动共建共治共享。不同的利益相关者通过不同形式、不同主题、不同主体之间的合作促进各方共同参与社会治理的过程,充分发挥不同利益相关者主体的独特的作用,实现共建共治共享的目标。三是维持社会团结。不同的利益相关者通过相互合作增进彼此间的沟通与了解,有助于促进相互间的团结和协作,提高社会的凝聚力,维持社会的基本稳定性。

分权、协商、合作,这三个概念要素在社会治理中互相依赖、相辅相成。分权为协商、合作奠定了扎实的基础,使协商和合作拥有了更多的合法性,拓展更多的实施空间,确保协商和合作可以更具体、更贴近实际情况,工作任务更清晰,责任性更明确。协商则是在分权的前提上形成的各方利益协调机制,尊重利益相关者各个方面的基本利益和相应的权利,有助于化解分权过程中出现的矛盾,把矛盾和冲突控制在能接受和允许的范围内。而合作则是在协商的基础上,各方为了实现共同利益而进行的统一行动,努力实现共同的目标。分权、协商和合作三要素相互交织,相互促进,共同构建了一个可预期的社会治理框架。

(三)分权、协商与合作的现实挑战

在社会化治理中,不可否认的事实是,分权、协商和合作在实际运行中也面临着一些挑战,遇到了一些困难。首先是权责不对等的问题。分权容易导致地方政府、企业、社会组织与公民权责不对等的问题,需要建立健全的指导机制、监督机制来保障分权的有效运行。一般来说,分权对地方政府来说可能容易一些,但对企业、社会组织和公民则不同,他们可能更多强调自主性,而且,协商过程中存在着不同利益之间的博弈,各利益相关者对各自的利益看得非常重,针对不同利益相关者主体不同形式、不同类型、不同领域的利益博弈,需要一个协商机制来平衡,这个协商机制就是公平公正的

协商机制,在各利益相关者都能接受的前提下来化解矛盾。合作中的信任建设也值得关注,即各方合作需要建立在相互信任的基础上,否则合作无法成立。

为回应分权、协商和合作三个方面的诸多挑战,需要做好以下几个方面的工作:一是健全的法律法规体系,根据分权、协商和合作的特点,完善相应的法律政策,做到有法可依和执法必严,使分权、协商和合作工作制度化和法治化;二是加强社会组织和公民参与,提高社会组织和公民参与的积极性,增加社会组织和公民参与的频率;三是推动信息透明和公开,只有利益相关者之间相互了解与熟悉,对需求和利益都有较多的沟通,才能确保协商与合作会成功;四是加强社会信用体系建设。各利益相关者要在遵守相应的法律制度的前提下,做到权利义务的对等性,使自身的言行都能受到约束与控制,最终赢得相互间的信任,促进协商与合作成为可能,满足各自的需要和利益关切,实现合作共赢的目标。

分权、协商和合作是构建社会化治理有效运行的关键要素。高效的社会化治理推动治理体系向包容参与过渡。包容参与强调不同利益相关者的参与、权力的分散及共同决策的过程。分权、协商和合作共同作用实现包容参与,有其深刻的内在逻辑。

二、包容参与的整体内涵

在社会治理中,包容参与意味着积极吸纳和倾听各种利益相关者的意见和需求,推动各方共同参与决策和问题解决的过程。这种涵盖不同社会群体和利益代表的做法,有助于构建更公正、平等和民主的治理模式。数十年来,包容参与已经发展为将包容性发展理念应用于政府治理领域的一个复合概念。从包容性增长到包容性发展再到包容参与,这一发展路径实际上在不断审视公平与效率、国家与市场之间的关系。随着政府治理体系现代化进程的推进,包容参与的理论内涵、实践内涵和应用场域也变得更加丰富多元。包容参与强调在社会治理过程中,各利益相关者应充分参与决策和行动,并且应得到尊重和保障,最终实现社会治理的民主化、多元化和全面性。

(一) 如何理解包容参与

基于现有研究,目前学界对包容参与的基本定义有以下两种看法。

第一种观点认为:从政策生成的实践视角出发,将包容参与理解为一种以公民为中心的公共政策制定过程。这样的包容参与允许公民个体与公民集体进行充分的沟通与协商。立足于这一角度,包容参与的研究依然停留在治理理论相关的范畴,属于治理理论的一个子集,融于治理主体、治理方式、治理特点、治理过程、治理环节和治理结果的大概念中。这一视角下的包容参与是良好治理的重要维度,是各利益相关方参与决策并共享治理结果的公共治理过程,更关注多元参与、互动合作、信息沟通、共同利益和利益均衡等议题。同时,政策生成视角下的包容参与以尊重个体差异和组织差异为基础,其核心是多元参与者的协商合作,实现取决于权力、利益和技术的多种规范,最终目标是不同的治理主体在共享所有的治理环节和过程的情况下共享所有治理结果,在社会和谐、政府治理、技术迭代更新、市场创新和公民权利保护之间实现多层次多种类的平衡。

第二种观点认为:从自由主义的哲学理论出发,将包容参与定义为多样化参与公共政策决策和实施的过程,其指导原则是平等、包容和妥协①。包容参与不仅仅是公共政策决策和实施的一个环节,而是一个多维度、多层面的社会互动过程。在这个过程中,不同的社会群体、社会个体以及组织,无论其社会地位、经济能力、文化背景和技术专长如何不同,都应有机会表达自身的意见和需求,参与公共政策的制定、执行和监督。这种包容参与的观

---

① 陈浩.论共同体包容个体自由之限度——以黑格尔的"主观自由"概念为例[J].清华大学学报(哲学社会科学版),2015,30(04):108—118.

点强调了个体自由与社会多元性的重要性,认为在公共政策的制定过程中应当尊重和体现每个个体和每个群体的权利、利益和思想。通过促进不同声音的交流与对话,全面了解社会的一般需求、特殊需求、显现需求与潜在需求,制定出更加公正、合理和有效的政策。同时,包容参与也意味着政策实施过程中的透明度和问责性,确保政策的执行能够反映社会的多元利益和特殊意愿,并且得到广泛的社会支持。在政策监督阶段,通过公民个体和组织、传统媒体、现代媒体等不同的参与形式,提高信息的透明度和社会公信力,把公平、公正、合理真正落到实处,使决策执行过程中存在的不当行为及时地被纠正过来,确保公共政策的制定、公共政策的执行和公共政策的监督形成闭环的有机系统。当然,自由主义哲学还强调了个体的自主性和个体的选择权,在包容参与的框架下,个体不仅能够参与政策制定,还能够根据自己的判断和偏好,选择参与的方式和程度,在监督环节借助申诉、举报和曝光等途径对政策执行的实际情况进行督促,这种自主性是实现个体自由和维护个体尊严的关键,也是推动社会进步和创新的动力。

基于对包容参与内涵的理解,学界初步构建了一个包括主体、过程、行为、方式、关系、制度和结果的逻辑框架和要素结构。他们认为包容参与系统是一个包括主体、意识、行为、关系和制度的系统构建,并将风险治理中的包容参与框架划分为四个系统:政治系统、经济系统、专家系统和民间社会。不同的系统具有不同的治理目标,政治系统提供合法性,专家系统增强效力,经济系统提高治理效率,民间社会增进社会凝聚力。在前人的启发下,可以构建避免风险的包容参与框架,包括治理主体、治理工具和治理要素三个主要部分。

(二) 包容参与的意义

包容参与作为一种先进的社会治理理念,其意义深远而广泛。包容参与不仅体现了社会多元化和民主化的内在要求,也是推动社会公平、公正和可持续发展的关键因素。包容参与的核心在于确保每个个体和群体,无论其社会地位、经济能力、技术服务和文化背景,都能够平等地参与社会治理的各个层面,从而实现真正的社会包容。这种参与不仅关乎个体的权益和尊严,更关乎整个社会的和谐与进步。通过包容参与,政府、企业、社会组织及公民能够共同参与政策的制定、执行和监督,形成一种多元共治的社会治理模式。这种模式能够更好地反映和平衡不同群体的利益诉求,提高政策的透明度和公信力,促进社会资源的合理分配和有效利用。同时,包容参与还能够激发社会的创新活力,为解决复杂的社会问题提供更多的思路和方案。

包容参与的意义主要体现在以下四个方面:

一是平衡多元利益。社会中存在着多元的利益相关者,他们具有不同的诉求、期望和表达。包容参与能够确保这些不同利益得到有效平衡,避免某些特定群体的利益被忽视,有助于构建更加和谐的社会关系。多元利益的特点在于多样性和复杂性,各利益相关者存在着一定的利益冲突和某些方面的竞争。在社会治理中,如何平衡多元利益,是一个需要认真思考和解决的问题。而包容参与强调在社会治理过程中,各方利益相关者应当充分参与决策和行动,并且其参与应当得到尊重和保障。这种参与不仅包括政府,还包括企业、社会组织和个人等多个主体。包容参与的特点在于广泛性、平等性和民主性。包容参与在平衡多元利益中发挥着重要作用。包容参与可以促进各方利益相关者之间的对话和沟通,增进彼此的理解和信任,协调不同利益相关者之间的关系。在实践中,包容参与通过建立多层次、多类型和多渠道的参与机制,包括公民参与、利益相关者对话、社会协商等方式,来促进多元利益的有效平衡。政府、企业和社会组织等各方应当共同努力,创造有利的条件和平等的机会,让各利益相关者能够切实参与到决策和行动中来。

二是推进民主决策。民主决策是指在决策过程中,各利益相关者都能够平等参与,其意见和利益能够得到尊重和保障,最后选择出最优的方案。

民主决策的重要性在于可以提高决策的合法性和可行性,减少决策的偏颇性,更好地满足多元利益的需求。包容参与在推进民主决策中发挥着重要作用。总体而言,包容参与促进决策的民主化,通过广泛听取不同群体的意见和建议,决策能够更加充分地考虑到各方利益和需求,从而确保决策行为更具合法性、公平性和可行性。

三是促进社会稳定。包容参与有助于缓解社会矛盾和冲突。通过让更多的人参与决策过程,能够增强社会的认同感和凝聚力,有助于维护社会的稳定和谐。社会稳定是指在社会发展和变革过程中,社会秩序相对持续稳定,社会成员之间的利益矛盾和社会冲突得到有效管理和调解,社会治理能够有效运行。社会稳定的重要性在于促进社会繁荣和发展,维护社会成员的合法权益,保障社会的和谐与安宁。包容参与在促进社会稳定中发挥着重要作用。首先,包容参与促进社会成员之间的对话和沟通,增进彼此的理解和信任,有利于协调不同利益相关者之间的关系,减少社会冲突的发生。其次,包容参与提高社会治理的效能,增强社会成员对社会治理的认同感和参与感,有利于社会治理的顺利进行。最后,包容参与增强社会决策的民主性和公正性,使各方利益相关者在决策和行动中都能够得到平等对待和尊重,减少社会不满情绪的积聚,避免重大冲突和重大纠纷的发生。在实践中,包容参与通过建立多层次、多类型和多渠道的参与机制,包括公民参与、利益相关者对话、社会协商等方式来减少矛盾与冲突的发生,促进社会稳定。政府、企业和社会组织等各方应当共同努力,创造合适的条件和可行的机会,让各利益相关者能够参与社会治理和社会发展,最终达成共识,产生较好的社会效果。

四是提升治理效能。包容参与吸纳更多个体和群体的智慧和经验,能够促进问题解决的方式、思维的创新性和多样化,有助于增加治理的数量与规模,保证治理的质量,提高治理的效率,确保社会治理效能的整体提升。社会治理效能是指社会治理机构根据一定的规则和方式,达到预期目标的能力,包括政策制定、资源配置、决策执行和反馈监督等方面。社会治理效能的提升对于推动社会发展和解决社会问题具有重要意义,包容参与在提升社会治理效能中发挥着重要作用。首先,包容参与可以充分调动社会各方的智慧和力量,促进更多具有创新性、前瞻性的治理方案出台,提升决策的科学性和有效性。其次,包容参与有助于建立更加广泛的社会共识,增强社会治理的合法性和可持续性。最后,包容参与可以提高社会成员对社会治理的信任感和参与感,增强社会治理的执行力和效果。在实践中,包容参与可以通过建立多层次、多类型和多渠道的参与机制,包括公民参与、利益相关者对话、社会协商等方式来提升不同层次、不同类型的社会治理效能。政府、企业、社会组织和公民等各主体通过各种措施和办法确保各方利益相关者能够有效参与社会治理和社会发展,提升社会治理的整体效能。

(三)与包容参与相近的概念辨析

在探索社会治理的多元路径中,包容参与和其他相近概念如公民参与、社区自治、利益相关者和社会合作等,共同构成了维护社会和谐和推动社会高质量发展的理论基础。这些概念虽然在目标上都致力于实现更广泛的社会参与和更公正的决策过程,但它们在侧重点、应用范围和实践方式上各有差异。包容参与特别强调在决策过程中纳入边缘化群体和困难群体的声音,以确保所有利益相关者的权利和需求得到平等的考虑和尊重。为了更深入地理解包容参与的独特价值和作用,有必要对与包容参与相近概念进行辨析,明确它们之间的联系与区别,了解这些概念是在什么样的社会治理情境中才能有效运用,以确保一个更加开放、包容和多元的社会环境。

1. 包容参与和公民参与

包容参与和公民参与都是社会治理中非常重要的概念和实践手段,个中区别、联系值得进一步探讨。通过分析它们在社会治理中的作用和意义,可以为促进更加民主和有效的社会治理提供足够的理论支持和强有力的实践指导。在社会治理实践中,包容参与和公民参与常常被用来说明社会的民主化、多元化和全面性。

包容参与强调在社会治理过程中,各利益相关者应当充分参与决策和行动,所有主体多形式、多渠道地参与,并且其参与应当得到尊重和保障。公民参与则侧重于强调公民对政府决策的参与,以实现政府决策的民主化和公正性,同时,在参与过程中行使一定的监督权利,能提供纠错和纠偏的机会,确保最终的效果与预期的目标保持一致。

包容参与和公民参与在某种程度上有着内在的联系,它们两者都强调社会治理中各方利益相关者的参与和对发表所有意见的尊重。不过,包容参与更加注重各利益相关者的广泛参与,包括政府、企业、社会组织和个人等,而公民参与更加强调公民对政府决策的直接参与,并且实行相关的监督。这样,包容参与重点在于强调社会治理中各方利益相关者的平等参与,而公民参与重点在于强调公民对政府决策的直接影响,尤其是行使监督权,确保决策执行过程的合法性、合规性和合理性,减少差错和偏颇。

2. 包容参与和社区自治

包容参与和社区自治是现代社会治理中两个互补且具有深远意义的概念,它们共同构成了推动社会进步和民主化进程的基石,确保不同声音和需求得到充分表达和尊重,推动治理体系的公正性和有效性。尽管它们在目标上共享着促进社会多元性和参与性的愿景,但在实现途径和应用范围上各有侧重。

包容参与强调在社会治理过程中各参与主体应当充分参与决策和行动,并且其参与过程中各方面的权利应当得到尊重和保障,不仅体现在地方层面,而且更多地反映在对国家事务的参与中。社区自治是指在地方层面上由社区辖区主体自主管理、参与和监督本社区事务的过程,这种自治形式强调社区辖区主体对自身利益的直接关注和参与,旨在提高社区的自治能力、凝聚力和服务效率。社区有两种理解:一种是小范围的社区,主要是指居民委员会或村民委员会所管理的辖区。另一种是大范围的社区,主要是指街道、乡镇所管理的辖区。大范围的社区进行社区自治的内涵包括以下三个方面：一是主体多元，社区辖区主体除居住在小区的居民外，还包括在辖区内工作的企业、学校和政府机构。企业包括国有企业、民营企业和外资企业。学校包括幼儿园、小学、中学、大学。政府机构包括不同层级的立法机构、司法机构和行政机构。二是自主决策，社区居民有权利就本社区事务进行自主决策，包括财政支出、基础设施建设、社会公益事务等。通常情况下，辖区主体比较活跃的，往往是居住在小区内的社区居民。三是自治管理，社区居民可以通过选举产生的自治组织管理社区事务，包括人事管理、资源分配、社区规划等。社区自治组织，在城市地区是指居民委员会，在农村地区是指村民委员会。

包容参与强调的是在更广泛的社会治理层面上各种主体能够平等地参与决策过程，而社区自治则更侧重于地方层面，强调社区居民对本地事务的自我管理和决策权。有必要探讨包容参与和社区自治之间的区别和联系，揭示它们如何共同促进一个更加开放、民主和有活力的社会治理结构。

3. 包容参与和利益相关者

包容参与和利益相关者常常被用来促进社会的民主化、多元化和全面性，探讨包容参与和利益相关者之间的联系和区别，分析它们在社会治理中的作用和意义。

包容参与和利益相关者在某种程度上有着内在的联系，它们都强调社会治理中各方利益相关者的参与和意见的尊重。不过，包容参与更加注重多方利益相关者的广泛参与，包括政府、企业、社会组织和公民等，而利益相关者更加侧重于各方利益相关者之间的沟通和协商，以寻求共识和解决冲突。包容参与强调在社会治理过程中，各利益相关者应当充分参与决策和行动，侧重各方主体的广泛参与，并且其众多的参与者应当得到尊重和保障。利益相关者则侧重于各利益相关者在参与过程的沟通和交流，以便更好地理解彼此的立场和利益，从而寻求共识和解决冲突，特别强调各利益相关者之间的沟通、协商与妥协。

4. 包容参与和社会合作

包容参与和社会合作旨在促进社会的民主化、多元化和全面化。

社会的民主化强调民众的参与、权力的分散和决策的透明度,以实现更加平等、公正和透明的治理。包容参与和社会合作是推动社会民主化的关键机制,它们有助于确保不同利益相关者的声音和需求得到考虑和尊重。

社会合作涉及不同社会行为体之间的协作,包括政府、企业、社会组织和公民个人。社会合作发挥以下几个方面的作用:一是有助于整合各种资源和知识。通过合作,各方可以共享资源、知识和专业技能,解决共同面对的社会问题。二是共同决策,社会合作鼓励各方共同参与决策过程,确保决策更加全面和有效,提高决策的科学化,符合实际情况。三是增强责任感。合作过程中,各方需要共同承担责任和后果,这有助于建立更加负责任的社会治理结构。

包容参与和社会合作通过以下方式促进社会民主化。

提高透明度。当决策过程开放和透明时,公民可以监督政府行为,确保他们对民众负责。一是决策过程的开放性。开放的决策过程意味着政府在制定政策、规划项目和执行任务时,允许公民参与和观察。这能让公民了解决策背后的逻辑、依据和潜在影响;二是信息的可获取性。透明度还涉及信息的可获取性。政府应当提供易于访问的信息资源,包括预算报告、政策文件、执行结果和评估报告。这种信息的公开有助于公民理解政府的工作,并进行必要的监督;三是问责机制的建立。问责机制确保政府对其行为和决策结果负责,如建立投诉和申诉渠道、审计和监察机构以及法律和行政程序。问责机制要求政府在出现问题时采取纠正措施,并在必要时对相关人员进行惩处;四是对公民参与的鼓励。鼓励公民参与可以提高透明度和问责性,通过公民咨询、意见征集和社会对话,政府可以收集公民的反馈和建议,同时让公民了解他们的意见和建议是如何被考虑的;五是媒体和社会组织的监督。媒体和社会组织在提高透明度和问责性方面发挥着重要作用。以调查报道、政策分析和公共倡导来监督政府的行为，并推动社会对政府的问责；六是反馈和改进。透明度和问责性的提高应当是一个持续的演变过程，政府需要定期收集反馈，评估他们的透明度和问责性措施的有效性，并根据反馈情况进行适当的改进，满足公众需求。

增强公众的权力。通过参与和合作，公众能够直接影响政策制定和执行，从而增强他们在社会治理中的影响力。增强公众的影响力是民主治理的核心目标之一，这意味着公众在社会治理中拥有更多的发言权。通过参与和合作，公众可以直接或间接地影响政策的制定和执行，从而实现自身的目标。一是直接参与决策过程。公众通过选举、公民投票、公共咨询、社区会议和其他形式的直接参与，对政策制定和执行产生影响。这种参与使得公众能够表达自己的意见和需求，确保政策更加贴近公众的实际生活和期望；二是合作治理模式。合作治理模式涉及政府、企业、社会组织和公众等各利益相关者的合作。在这种模式下，公众不仅是政策的接受者，也是政策制定和执行的合作伙伴。通过合作，公众可以贡献自己的知识、经验和资源，共同解决社会问题；三是社会监督和问责。公众可以通过社会监督机制，如媒体、社会组织和社交媒体平台，对政府行为进行不同形式、不同渠道的监督。这种监督有助于确保政府行为的透明度和问责性，防止滥用权力和腐败行为；四是增强公民意识，提高公民行为能力。通过教育、培训和信息传播，增强公众的公民意识，同时也同步使公民参与能力得到进一步提升。这使得公众更加了解自身的权利和责任，通过各种方式有效地参与社会治理，发表反映问题的意见，维护自身的合法权益。

促进平等和社会正义。包容参与和社会合作有助于确保所有社会成员的需求和利益得到平等考虑，减少社会不平等和歧视。促进平等和社会正义是包容参与和社会合作的核心目标，它们旨在创造一个更加公平和公正的社会环境。一是包容参与的重要性。包容参与意味着在决策过程中考虑到所有社会成员的声音和需求,无论他们的社会地位、经济状况、种族、性别或其他身份特征。通过确保所有群体都有参与的机会,可以避免权力集中在少数人手中,从而减少社会不平等;二是社会合作的作用。社会合作涉及不同利益相关者之间的协作,包括政府、企业、社会组织和公众个人。通过合作,各方可以共同解决社会问题,分享资源和知识,从而促进更加公平的资源分配和社会服务;三是消除歧视。包容参与和社会合作有助于消除对困难群体、特定群体的歧视和偏见。当所有群体都有机会参与决策时,他们的关切和需求得到认可和尊重,这有助于打破刻板印象,促进社会包容和多样性;四是促进资源的公平分配。通过包容参与,可以确保资源分配更加公平和有效。例如,社区成员可以共同决定如何分配教育、卫生、体育、环境保护和基础设施等公共服务资源,以满足社区内不同群体的显现需求、潜在需求、近期需求和长期需求;五是增加困难群体的参与度。包容参与和社会合作特别强调困难群体的参与度,这包括提供必要的支持和资源,确保他们能够有效地参与决策过程,并为他们的合法利益发出正常的声音。

增强政策的有效性。当政策制定考虑到广泛的社会意见和现实需求时,它们更有可能得到有效实施,并产生积极的社会影响。增强政策的有效性是治理过程中的一个重要目标,它意味着政策能够成功地实现既定目标,并在实践中产生预期的积极影响。当政策制定过程中考虑到广泛的社会意见和现实需求时,政策制定的质量就可以得到保障,政策实施的效果可能更与实际需求相符合。一是反映多样性的需求。政策制定应当考虑到社会中不同群体多样性的需求,这包括行政区划、经济地位、文化背景、传统历史和社会特征等方面的差异。通过包容参与,政策制定者能够获取更全面、更真实的信息,从而制定出更符合实际情况和公众期盼的公共政策;二是提高政策的可接受性。当政策制定过程中包含了广泛的社会意见时,政策更容易得到公众的理解和强有力的支持。这种参与感和认同感有助于提高政策的可接受性,减少实施过程中的阻力和冲突,政策执行过程相对而言会比较顺畅,不会出现政策的变形,避免形成上有政策下有对策的局面;三是增强政策的透明度。政策制定的透明度有助于加强公众对政策的信任,当公众了解政策制定的过程、依据和预期目标时,他们更有可能支持这些政策,并积极参与实施的过程,为实现政策预期目标打下扎实的基础;四是促进政策的适应性。考虑到广泛的社会意见和现实需求有助于确保政策能够适应不断变化的社会环境,政策制定者可以根据一定的反馈意见和过程评估结果及时调整相应的政策,以应对新的挑战和机遇,使政策执行与社会需求能够有效对接。通过上述方式,包容性参与方面的政策制定和实施过程有助于确保政策的成功执行,实现预期的政策目标,并在社会中产生积极的影响,符合社会高质量发展的趋势与方向。

(四)包容参与的应用领域

包容参与理论已被广泛应用于城市治理、公共服务、社区建设、法治框架和社会企业等方面,产生了一系列研究成果,在此列举五个方面的领域。一是包容参与融入城市治理。包容城市治理作为一种特定的治理模式,包容城市治理涵盖社会财富的共享、社会福利的均衡、广泛的社会参与以及对社会困难群体的全面保护,代表一个多维概念①,形成了一个相对稳定的制度体系。包容城市治理不仅是一个发展过程,也是制度建设的结果②。二是包容参与融入公共服务。有学者以长三角公共服务一体化实践为例,从结构性要素与行动逻辑层面分析公共服务包容性协同的理论内核③,公共服务的包容性协同主要涉及协同理念"差异化公正"、协同主体多元联动、协同内容全面系统、协同过程跨区域互融和协同成果全民共享。三是包容参与融

---

① 刘小平.法治中国需要一个包容性法治框架——多元现代性与法治中国[J].法制与社会发展,2015,21(5):168—180.
② 范柏乃,林哲杨.政府治理的"法治—效能"张力及其化解[J].中国社会科学,2022(02):162-184,207—208.
③ 朱志伟.迈向包容性协同:长三角公共服务一体化的范式选择与发展趋向[J].苏州大学学报(哲学社会科学版),2021,42(05):51—59.

入社区建设。有学者将包容参与扩展到社区建设中,包容参与作为一种柔性化、可持续的治理模式,能够在治理主体、治理内容、治理过程和治理成果四个方面扩展困难群体的发展和参与社区治理的机会,同时也能让改革成果惠及全体社会成员①。四是包容参与融入法治框架。包容性的法治框架旨在实现正式规范与多元规则的互动与包容,将包容性发展理念延伸到法治领域。包容性法治框架不再仅仅强调国家正式法律制度的中心地位,而是体现法律体系的功能互补。包容性法治框架对动态现实的把握源于对主体多元性、利益诉求多元性和规则多元性等社会多元性的洞察,在多元现代性理论的支持下,包容性法治框架的核心框架包含主体、利益诉求和规则三个核心方面②。五是包容参与和社会企业。社会企业作为推动社会进步和创新的重要力量,以包容参与融入社会治理的意义同样重大。社会企业以企业或社会组织的方式在市场监督部门或民政部门注册登记,遵循不分配利润或少分配利润的原则,通过独特的商业模式和运营策略,不仅追求经济效益,更注重社会价值的创造和实现③。研究社会企业的包容参与,为包容性社会治理注入新的活力和创新思维,推动社会治理进一步的多元化、民主化和人性化,对构建和谐、公平、包容的社会环境具有重大价值。同时,社会企业的包容参与实践也为理论研究提供了丰富的案例和经验,进一步深化了人们对包容性社会治理的认识和理解。这是本书以华米公司为切入点的意义所在。

三、与包容参与相关的理论概述

包容参与是一个探讨社会参与、公共服务与法治交汇的领域。与之相关的理论旨在探讨如何实现社会各界成员在决策制定、资源分配和社区发

① 金太军,刘培功.包容参与:边缘社区的治理创新[J].理论探讨,2017(02):29—33.
② 张清,武艳.包容性法治框架下的社会组织治理[J].中国社会科学,2018(06):91—109,206.
③ 徐家良,何立军.中国社会企业发展研究报告(No.1)[M].北京:社会科学文献出版社,2021:003.

展中的广泛参与,它们涵盖了多个领域,包括公共服务的整合、社区治理以及法律法规的实施。与包容参与相关的理论包括社会资本理论、委托代理理论、全过程人民民主理论、社会契约理论和数字包容理论等。通过对相关研究和实践的综合梳理,为包容参与相关理论的全面理解提供一个清晰而全面的框架。

(一)社会资本理论

社会资本理论作为社会科学领域的重要理论框架,对于社会治理具有重要意义。要理解社会组织、社会互动以及社会发展,社会资本理论是前提。同时,社会治理作为加强社会管理和推动社会发展的重要手段,也需要深刻理解社会资本理论对于其实践的指导作用。通过探讨社会资本理论与社会治理之间的关系,分析社会资本的内涵、形式、构建途径和社会资本在社会治理中的作用,总结社会资本对社会治理实践的启示,为促进有效社会治理提供理论参考和实践指导。

1. 理论发展

社会资本理论的思想根源可以追溯到早期社会学和经济学的经典思想。马克斯·韦伯和埃米尔·涂尔干等社会学的先驱学者关注社会规范、信任和网络对经济行为和社会秩序的影响。虽然他们没有明确提出"社会资本"这一概念,但他们的研究奠定了后来的社会资本理论的基础[①]。韦伯强调宗教伦理和社会规范对资本主义发展的影响,而涂尔干则探讨了社会整合和集体意识在维护社会秩序中的作用。社会资本概念的正式提出可以追溯到 20 世纪 80 年代。学者在研究社会不平等时指出,社会资本是个人通过占有持久而有价值的社会关系网络所获得的资源[②]。可以将社会资本与经济资本、文化资本并列,认为社会资本可以转化为其他形式的资本,是社

---

① 托马斯·福特·布朗,木子西.社会资本理论综述[J].马克思主义与现实,2000(02):41—46.
② 周红云.社会资本理论述评[J].马克思主义与现实,2002(05):29.

会结构中权力和资源分配的重要因素。也有人对社会资本进行了系统化的研究①。从社会结构的功能性出发,认为社会资本是社会网络中存在的信任、规范和信息流通的结果,能够促进合作和集体行动。这方面的研究强调社会资本的积极功能,特别是在教育、社区合作等领域的作用②。

随着社会资本理论的广泛应用,学界也对其提出了批评和修正。一些学者指出,社会资本的过度集聚可能导致排他性、腐败和群体间的不平等。例如,纽带型社会资本的过度发展可能导致族群隔离和对外群体的排斥。此外,社会资本的负面作用,如黑社会性质组织中的社会资本现象,也引发了学者们的反思③。针对这些批评,学者们提出需要更细致地分析社会资本的性质、范围和影响,并强调社会资本在不同社会情境中的复杂性。

进入 21 世纪,社会资本理论在多学科中得到了进一步深化和扩展。社会学、政治学、公共管理、经济学以及社区研究、发展研究等领域的学者将社会资本应用于不同的社会现象中。社会学家强调个体与团体通过社会网络、互惠性规范从而获得相应的信任。政治学家、公共管理学家则探讨社会资本在民主治理和公共政策中的作用,经济学家研究社会资本对经济增长、创新和市场行为的影响。社会资本理论逐渐从单一的社会学概念,发展成为一个跨学科的理论工具,广泛应用于不同的社会问题研究中。随着数字化时代的到来,社会资本理论在新技术背景下得到了重新审视。社交媒体、在线社区和数字平台的兴起改变了社会资本的生成和运作方式。有的学者开始探讨数字化社会中的网络资本、虚拟信任和在线合作如何影响个人和社会群体的行为④。在这个过程中,社会资本的内涵被进一步扩展,涵盖了更多的虚拟互动和跨地域的社会联系。

---

① 周红云.社会资本:布迪厄、科尔曼和帕特南的比较[J].经济社会体制比较,2003(04):46—53.
② 邹宜斌.社会资本:理论与实证研究文献综述[J].经济评论,2005(06):121—126.
③ 马得勇.社会资本:对若干理论争议的批判分析[J].政治学研究,2008(05):74—81.
④ 邹宜斌.社会资本:理论与实证研究文献综述[J].经济评论,2005(06):121—126.

总体而言,社会资本理论的理论发展脉络展示了其从早期社会学和经济学的思想根源,到布迪厄、科尔曼、普特南等学者的系统化理论建构,再到多学科融合和数字时代的扩展应用。社会资本作为一种重要的社会资源,影响着个体和集体的经济、政治和社会行为。尽管社会资本理论在应用中遇到了一些挑战和批评,但它仍然是理解社会结构和社会互动的重要理论工具。随着社会环境的不断变化,社会资本理论也将在未来继续发展和演进,适应新的社会现实。

2. 核心内容

本节从社会资本的定义与构成要素、功能、类型、正负效应,以及社会资本的形成与转化五个方面阐述社会资本理论的核心内容。社会资本作为一种无形的社会资源,对个体和集体的行为具有深远的影响。它不仅在社会互动和经济活动中发挥着重要作用,还在社会整合、社会支持和社会治理中具有关键意义。理解社会资本理论,有助于更好地分析和应对复杂的社会问题,推动社会的稳定与发展。

社会资本的核心要素为实现社会共治提供了理论前提和现实基础。虽然社会资本的内涵异常丰富,但信任、规范和互惠是学术界公认的三个核心关键词或者说是核心要素。这些要素强调的是集体行为或组织行为的重要性,社会资本以普遍信任为核心,以互惠规范为内容,以社会关系和网络为平台,三者之间具有累积和强化效应。信任是社会资本的重要组成部分,指的是个体之间的相互信赖和依赖。信任能够减少交易成本,增强合作的可能性,促进社会关系的稳定和持久性。信任可以是对个体的信任,也可以是对社会制度的信任。规范是社会中共同认可的行为准则和价值观,它在一定程度上规范和约束着社会成员的行为。社会资本中的规范包括互惠原则、责任感和道德标准等,这些规范通过社会互动得以传递和维护。互惠是社会资本中的一种重要机制,指的是个体之间基于信任和规范的互助行为。互惠的存在增强了社会网络的稳定性和持久性,使得个体在社会互动中能够获得持续的支持和帮助。

社会资本理论强调社会资本在个人和集体行为中的功能和作用,主要包括五大功能。一是促进合作与集体行动。社会资本通过信任、规范和社会网络的作用,促进了合作和集体行动。在一个充满信任和互惠关系的社会网络中,个体更愿意合作,集体行动的成本也因此降低。例如,在社区组织中,社会资本有助于成员之间的协调与合作,推动共同目标的实现;二是降低交易成本。信任和规范作为社会资本的重要组成部分,可以降低交易成本。在经济活动中,如果交易双方之间存在高度的信任,双方不需要耗费大量资源进行监督和合约执行,从而降低了交易成本,提高了效率;三是增强信息流动和创新。社会资本中的社会网络有助于信息的传播和分享,增强信息流动的广度和速度。这种信息流动不仅能够帮助个体获取新的机会和资源,还能够促进创新和知识的传播。在企业或行业内部,社会资本可以通过非正式网络推动技术和信息的快速扩散;四是社会支持与社会保障。社会资本通过社会网络为个体提供情感支持、经济帮助和社会保障。特别是在面对危机或困境时,社会资本可以提供重要的支持,帮助个体渡过难关。这种支持不仅来自家庭和朋友,还可以来自社区或社会组织;五是促进社会整合与社会和谐。社会资本通过增强社会成员之间的联系和互动,促进社会整合与社会和谐。信任和互惠的存在减少了社会冲突,增加了社会凝聚力,使得社会更加稳定和有序。

社会资本可以根据不同的标准主要分为三种类型。一是纽带型社会资本(bonding social capital)。纽带型社会资本是指同质群体内部的紧密联系,如家庭、亲友、同事等。它加强了群体内部的凝聚力和支持,但往往具有排他性,容易导致群体之间的隔离。二是桥梁型社会资本(bridging social capital)。桥梁型社会资本是跨越不同社会群体之间的联系,促进了不同群体之间的沟通和合作。桥梁型社会资本有助于社会的整合和社会网络的扩展,使得信息和资源能够跨群体传播。三是联结型社会资本(linking social capital）。联结型社会资本是指个体或群体与权力或资源更丰富的社会层级之间的联系，如与政府机构、企业高层的关系。联结型社会资本有助于获取更高级别的资源和支持，促进社会流动和社会发展。[①]

社会资本不仅有正面效应，也可能在一定的条件下会带来负面效应。正负效应的存在使得社会资本理论更加复杂和多维。社会资本的正面效应包括促进社会合作、增强社会信任、推动经济发展、提高社会福祉等。通过社会资本，社会成员之间建立了互信和互助的关系，形成了有利于社会稳定和发展的环境。社会资本的负面效应则包括排他性、腐败、群体主义、社会不平等等。纽带型社会资本的过度发展可能导致群体之间的对立和排斥，而桥梁型社会资本不足可能导致社会隔离和不平等。此外，社会资本也可能被滥用，如在黑社会性质组织中的社会资本，可能被用于违法活动。

社会资本的形成与转化是社会资本理论的一个重要方面。社会资本的形成依赖于长期的社会互动、信任积累和规范的建立。在一定条件下，社会资本可以转化为其他形式的资本，如经济资本和文化资本。这种转化机制使得社会资本成为社会资源分配和社会流动的重要因素。从形成过程来看，社会资本的形成需要时间和稳定的社会关系网络。在家庭、社区、学校、职场等各种社会场景中，个体通过频繁的互动和合作，逐步积累起信任和互惠关系，形成社会资本。从转化机制来看，社会资本可以通过社交网络和人际关系，转化为经济资本或文化资本。例如，通过良好的人际关系网络，个体可能获得商业机会或职业提升，这就是社会资本转化为经济资本的过程。此外，通过社会资本，个体也可以获得更高的社会地位和文化认同，从而实现文化资本的积累。

3. 社会资本理论与包容参与

社会资本理论为社会治理提供了多方面的启示。首先，社会资本的存

---

① 周红云.社会资本理论述评[J].马克思主义与现实,2002(05):29—41.

在促进了社会的协作与互助,为社会治理提供了内在动力和支持。其次,社会资本的形成和积累需要依靠公民参与和社会互动,因此社会治理特别重视公民参与和社会组织的建设。最后,社会资本的存在有助于增强社会的凝聚力和稳定性,为社会治理提供了较为扎实的实践基础和制度保障。在实践中,社会资本理论可以指导社会治理各项活动,政府、企业、社会组织可以通过促进社会资本的建设,在增强政府与企业、社会组织之间进行互动的同时,增进企业、社会组织与政府之间的合作交流,从而提升社会治理的效能和可持续性。社会资本理论需要决策者重视社会资本的保护与培育,以维护社会的稳定与和谐。

通过深入理解和应用社会资本理论,可以为促进有效社会治理提供理论支持和实践指导,推动社会的和谐发展和稳定。以华米公司为例,华米维系与各种企业的关系网络,积累了丰富的信息和经验,构成华米所掌握的社会资本,使华米能够为企业、客户提供有针对性的市场调查服务、顾客服务,帮助客户改善服务质量,提升顾客满意度,在市场竞争中获得优势。

(二)委托代理理论

1. 理论发展

委托代理理论是 20 世纪 60 年代末 70 年代初兴起的经济学理论,其实质是研究在委托人不得不为代理人的行为后果承担风险的前提下,委托人和代理人之间关系和相互作用的结果及其调整。在我国行政管理过程中,关于公共资源的分配,因存在信息不对称与巨大的资源利益等特征,对行政管理体系内的各层级的官员自律性存在着挑战,因此可能出现行政体系内试图使自身利益最大化的寻租行为。在信息具有不完全性并存在利益冲突的环境下,公共资源的委托人将委托代理理论应用到公共管理的进程中,设计最优契约激励代理人和分担风险。

2. 核心内容

最开始,委托代理相关的学术研究重点关注委托代理关系中如何实现有效的正向激励,多数研究将对象聚焦于企业,切口较小。然而,随着研究的深入,委托代理的研究拓展至更庞杂的领域,诸如委托人和代理人各自的风险偏好、静态与动态的委托代理关系,以及不同层级的委托代理关系如何相互作用。其中,代理人的市场声誉模型和棘轮效应模型是最具代表性的成果。首先是代理人的市场声誉模型,在经营者的报酬与股东价值挂钩的前提下,隐性激励可以有效地推动经营者更努力地工作;而在声誉效应较弱的情况下,当经营者的业绩低于标准线时,由外部投资干预者(如与股东有债务关系的金融机构)进行惩罚的激励方式则更为有效。棘轮效应最早出现在对苏联计划经济制度的研究中。在委托代理理论中,棘轮效应指的是在多期委托代理关系中,委托人(如股东或政府)根据代理人(如公司经理或雇员)过去的业绩表现设定未来的业绩标准,导致代理人因担心未来标准随业绩提升而采取消极态度。棘轮效应的产生主要由三方面因素驱动:一是业绩评价与目标设定。委托人在多期委托代理关系中,往往依据代理人的历史表现设定未来的业绩目标,这可能促使代理人在未来工作中采取保守策略;二是代理人对风险的规避。代理人可能因担忧业绩提升会导致未来目标提高而避免承担风险,从而放弃高回报但风险较大的行动;三是激励机制的扭曲。棘轮效应的存在可能扭曲激励机制,使代理人倾向于维持现状而不是追求创新和效率提升。总体而言,棘轮效应带来的负面影响是显著的。一是效率降低。由于代理人避免承担风险和放弃创新,可能导致整体的工作效率和产出降低;二是投资不足。在企业层面,棘轮效应可能导致管理层对新项目和资本支出持谨慎态度,从而影响公司的长期增长和竞争力;三是创新受阻。在经济层面,棘轮效应可能抑制创新和技术进步,因为企业和个人可能会避免那些可能导致失败的尝试。

在实践中,人们不断修正棘轮效应模型。主要采取四种方式:第一种方式是合理设定业绩目标。委托人应该设定合理的业绩目标,避免仅仅基于历史表现来设定未来的期望,以减少代理人的压力;第二种方式是激励机制设计。设计激励机制时,应考虑到代理人的风险偏好和长期激励,确保代理人有动力追求长期的业绩提升;第三种方式是绩效评价体系的改进。建立更为全面和动态的绩效评价体系,不仅考虑短期业绩,也考虑长期发展、风险管理和创新能力;第四种方式是沟通与信任。增强委托人和代理人之间的沟通和信任,确保双方都对目标和期望有共同的理解,减少不确定性和误解。

经过不断迭代改进,声誉效应模型(reputation effect model)诞生了。声誉效应模型在经济学和组织行为学中是一个重要的概念,它指的是个人或组织为了维护或提升其声誉而采取的行动。声誉是一种无形资产,对于企业来说,它可以吸引顾客、合作伙伴和优秀员工;对于个人而言,良好的声誉可以带来更多的社会信任和机会。声誉效应可以在多个层面上产生影响,包括但不限于决策行为、市场策略和长期规划。声誉效应模型的背景基于委托代理关系中的信息不对称问题。在委托代理关系中,委托人(如股东、业主)通常不能完全观察或控制代理人(如经理、员工)的行为,因此代理人可能会有动机为了自己的利益而采取不符合委托人利益的行为,这被称为"道德风险"。为了减少这种风险,委托人可能会依赖代理人的声誉。声誉是代理人长期行为的结果,它反映了代理人过去行为的可信度和可靠性。模型假设在多期博弈中,代理人希望通过良好的行为积累声誉,以获得长期的收益或避免惩罚。

声誉效应模型的基本假设为四个方面。一是信息不对称:委托人无法完全观察代理人的行为,尤其是在短期内。二是长期关系:代理人和委托人之间的合作是长期的,代理人关心未来的回报。三是声誉积累:代理人通过一致的正面行为可以积累良好的声誉,而声誉一旦受损,恢复起来需要时间和持续的正面行为。四是委托人的信念:委托人会基于代理人的过去行为形成对其未来行为的预期。

声誉效应模型的核心机制在于代理人如何利用声誉来影响委托人的信

任和预期,从而获得长期的好处。在多期博弈中,代理人通过一致的诚实和努力行为,逐步积累良好的声誉。委托人基于代理人过去的表现,逐渐相信代理人会在未来继续保持这种行为,从而减少监督和控制的成本。代理人通过其行为向委托人传递信号。良好的行为被视为代理人重视长期合作和声誉的信号,因此委托人更愿意信任代理人。相反,如果代理人采取机会主义行为,则会损害其声誉,导致委托人降低信任水平,可能引发更多的监督和控制,甚至终止合作。代理人之所以重视声誉,是因为良好的声誉能够带来长期的经济回报。例如,具有良好声誉的经理人可能在未来获得更高的薪酬、更多的晋升机会,或者更有利的合同条款。相反,声誉受损会导致这些机会的减少,甚至导致即时的经济惩罚。委托人在观察到代理人保持良好行为并积累声誉时,会逐渐减少对代理人的监督和控制成本,从而形成一种良性循环。反之,如果代理人行为不端,委托人可能会加强监督,甚至更换代理人。

声誉效应模型具有动态特性,即声誉的影响是随着时间的推移逐渐显现的。在短期内,代理人可能面临通过欺骗或懒惰行为获取短期利益的诱惑。然而,如果代理人考虑到声誉的长期价值,他会更倾向于放弃短期利益,以换取长期的回报。这种长期视角的行为就是声誉效应发挥作用的关键。一旦声誉受损,代理人需要通过一段时间的良好行为来修复声誉。在此期间,代理人可能需要付出额外的努力或承受较低的回报,以重新赢得委托人的信任。委托人会不断根据代理人的行为更新其信念。如果代理人持续表现良好,委托人的信任会逐步增强;如果代理人行为不端,信任会迅速下降,甚至可能无法恢复。

声誉效应模型广泛应用于多个领域,包括企业管理、金融市场、国际关系等。在企业内部,管理层的声誉对其职业发展至关重要。一个具有良好声誉的管理层更容易获得上级的信任和下属的支持,从而能够更有效地推动企业发展。反之,如果管理层的声誉受损,可能导致员工士气低落、团队合作受阻,甚至危及企业的整体发展。此外,在金融市场中,投资者依赖公司的声誉来评估其信用风险和投资价值。一个具有良好声誉的公司能够以更低的成本筹集资金,因为投资者相信公司会履行其债务承诺。相反,如果公司的声誉受损,可能面临更高的融资成本,甚至难以获得市场信任。宏观地说,在国际关系中,国家的声誉对于外交谈判和国际合作至关重要。一个具有良好声誉的国家在国际社会中更容易获得盟友的支持和敌对国家的信任,从而在外交事务中占据有利地位。相反,声誉受损的国家可能面临孤立和制裁。

尽管声誉效应模型在多期博弈中的代理行为方面具有很强的解释力,但它也存在一定的局限性。一是信息不对称的程度。模型假设委托人能够观察到代理人的行为结果,从而更新信念。但在现实中,信息不对称可能更加严重,委托人难以准确评估代理人的行为,导致声誉效应减弱;二是短期利益的诱惑。在某些情况下,代理人可能会受到巨大的短期利益诱惑,即使这种行为会损害长期声誉,他也可能选择短期利益。因此,声誉效应在高额短期利益面前可能失效;三是环境变化的影响。模型通常假设外部环境相对稳定。然而,在快速变化的环境中,过去的行为可能不再是未来行为的可靠预测,委托人可能无法依据声誉做出合理的决策。声誉效应模型通过解释代理人如何在多期委托代理关系中利用声誉来影响委托人的信任和行为,揭示了声誉在长期合作中的重要作用。模型强调在信息不对称的条件下,代理人通过持续的良好行为积累声誉,从而获得长期回报,避免短期行为带来的负面后果。尽管模型存在一定的局限性,但它在企业管理、金融市场、国际关系等多个领域具有广泛的应用价值,是理解复杂委托代理关系中的重要工具。

3. 委托代理理论与包容参与

委托代理理论在社会治理领域的应用带来了诸多有益的影响。第一,提高效率。通过有效的激励和监督,提高代理人的工作效率和服务质量;第二,减少腐败。减少代理人利用信息不对称进行个人利益最大化的行为,降低腐败发生的可能性;第三,增强透明度。提高政府和企业的透明度,增强公众对治理过程的信任;第四,促进参与。鼓励公民参与监督和评估过程,提高社会治理的民主性和包容性。委托代理理论产生了以下几个方面的作用:一是促进了治理结构的优化,通过改进委托代理关系,优化政府结构和流程,提高治理能力;二是促进了公共政策的改善,基于更有效的代理人行为,制定和执行更符合公共利益的政策;三是促进了社会信任的增强,减少利益冲突和腐败行为,增强社会成员对政府和机构的信任;四是促进了经济发展,通过提高治理效率和透明度,创造有利于经济发展的社会环境。

随着委托代理理论的不断完善和发展,这一理论也被广泛地应用到了公共管理尤其是协作共治的过程中。由于信息的不对称,社会分工和职业化的发展,公共部门与私人部门之间面临着目标冲突和信息不对称等问题,因此公共部门与私人部门的委托代理关系的建立和企业的委托关系具有相似性。首先,委托代理理论强调了代理人对委托人利益的代表和保护责任,这与社会共治理论中强调的公共利益和社会整体利益密切相关;其次,委托代理理论中的信息沟通和监督机制为社会共治提供了重要参考,强调信息公开和社会监督的重要性;最后,委托代理理论在组织和治理中的应用也为社会共治提供了组织机制和管理经验的参考。在社会治理的背景下,委托代理关系通常涉及三个方面;第一个方面是政府与公民。公民作为委托人,政府及其官员作为代理人,负责提供公共服务和维护公共利益。第二个方面是政府、企业和社会组织。政府作为委托人,企业和社会组织作为代理人,执行政府的合同和项目,如基础设施建设、公共服务提供等。第三个方面是政府内部系统。上级政府或上级政府部门作为委托人,下级政府或下级部门作为代理人,执行政策和管理任务。在政府内部系统中,具体包括中央政府或中央政府部门作为委托人,省级、地级市、县级市、乡镇街道等地方政府和地方政府部门作为代理人,接受相关的委托和授权的任务。在地方政府系统中,省级政府或省级政府部门作为委托人,地级市、县级市、乡镇街道作为代理人,具体负责相应的委托和授权事务。

就实践而言,应用委托代理理论于社会治理的过程包括以下五个步骤。第一个步骤是目标设定。明确委托人的目标和期望,以及代理人的职责和任务;第二个步骤是契约设计。设计合同和协议,规定代理人的行为规范、激励措施和监督机制;第三个步骤是信息沟通。确保委托人和代理人之间的信息流通,减少信息不对称;第四个步骤是监督与评估。建立监督体系,对代理人的行为和结果进行评估和反馈。第五个步骤是激励与惩罚。根据评估结果,给予代理人相应的奖励或惩罚,以调整其行为。

总体而言,委托代理理论为理解和改进社会治理提供了有力的分析工具,通过设计合理的激励和监督机制,可以有效解决治理过程中的代理问题,促进社会治理的现代化和民主化。然而,实际应用中也需要考虑到文化、历史和社会结构等因素,以确保理论的有效性和适应性。

(三)全过程人民民主理论

在不同的民主国家、不同的民主形态下,拥有的不同民主形式在遵循普遍性政治原则的同时,也有各自特殊的政治逻辑。全过程人民民主理论强调在国家治理和社会管理中,要坚持全过程人民民主,充分发扬社会主义民主,保障人民当家作主的权利[①]。这一理论强调了在政治决策、社会管理、公共事务等各个方面,人民群众应该充分参与全过程人民民主理论强调在国家治理和社会管理中,要坚持全过程人民民主,充分发扬社会主义民主,保障人民当家作主的权利[②]。这一理论体现在政治决策、社会管理、公共事务等各个方面,人民群众应该充分参与并享有民主权利。

全链条人民民主意味着民主选举、民主协商、民主决策、民主管理、民主监督等各个环节紧密结合、相互关联。全过程人民民主是实现国家治理体

[①] 程竹汝.论全过程人民民主的制度之基[J].中共中央党校(国家行政学院)学报,2021,25(06):27—35.

[②] 同上。

系和治理能力现代化的题中应有之义。全过程人民民主表达了中国特色社会主义政治的深层结构,即坚持党的领导、人民当家作主、依法治国有机统一,这是与坚持走中国特色社会主义政治发展道路的关键之所在。2022年10月16日,党的二十大报告指出,"人民民主是社会主义的生命,是全面建设社会主义现代化国家的应有之义"①。全过程人民民主是中国、是中国共产党关于人民民主理论的创新形态,亦是马克思主义民主政治理论在中国化过程中的新发展。全过程人民民主理论形成于中国革命、建设和改革的伟大实践之中,创新于中国特色社会主义民主政治建设的伟大事业之中,在不断探索中国式民主进程中形成了崭新的政治理念,是推动中国式现代化进程、保障人民当家作主的本质要求。

1. 理论发展

全过程人民民主是一个反映中国特色社会主义民主政治特质的概念,它体现了中国对民主理论与实践的创新和发展。中华人民共和国成立之后,中国共产党领导人民建立了人民代表大会制度,确立人民民主专政的国家政治制度。人民代表大会制度的核心在于通过代表机构实现人民的意志和利益,确保人民在国家政治生活中的主体地位。这是全过程人民民主的初步实践。人民代表大会制度的建立,确立了国家权力机关的组织形式和运作机制。人民代表大会制度是人民行使权力的最高形式,代表人民统一行使立法权、监督权、决定权和选举权。通过民主选举,产生各级人民代表大会的代表。这些代表来自社会的各个阶层和领域,确保了广泛的代表性和人民意志的全面体现。在这一制度下,民主集中制原则得到充分体现,即在民主基础上的集中和集中指导下的民主相结合,既保障人民的广泛参与,又保证国家决策的统一和效率。全过程人民民主的初步实践,为人民代表大会制度注入了强大的生命力,展现出中国特色社会主义民主政治的独特

---

① 习近平.高举中国特色社会主义伟大旗帜为全面建设社会主义现代化国家而团结奋斗——在中国共产党第二十次全国代表大会上的报告[M].北京:人民出版社,2022:37.

优势。这一制度不仅保障了人民的根本利益,也为中国的长期稳定和发展奠定了坚实的基础。1978年12月中国实行改革开放政策以来,随着经济和社会的发展,中国开始探索更加丰富多样的民主形式。在这一时期,民主集中制原则被进一步强调,并在实践中逐步完善和发展,不断探索和实践多样化的民主形式,发展出了基层民主、协商民主、社会民主等多种民主形式,为人民提供了更广泛的政治参与渠道。大力推进基层民主建设,通过村民委员会和居民委员会等基层自治组织,使人民群众能够直接参与基层公共事务和公益事业的管理。不断完善协商民主体系,通过政治协商会议等渠道,充分发挥各党派、各团体、各民族、各阶层、各界人士在国家政治生活中的积极作用。进入21世纪,随着社会主义市场经济体制的建立和完善,中国对民主政治的理解也进一步深化。全过程人民民主的概念逐渐形成,强调民主不仅体现在选举环节,更贯穿于决策、执行、监督等各个环节。在中国式现代化建设的背景下,全过程人民民主理论得到进一步丰富和发展。它强调民主的全过程性,包括民主选举、民主协商、民主决策、民主管理、民主监督等各个方面,确保人民在国家政治生活和社会治理中的主体地位。在实践中不断创新全过程人民民主的实现形式,如运用互联网技术推进政务公开和网络问政,通过基层民主自治实践增强人民群众的直接参与以及通过法治保障人民的合法权益。积极参与全球治理,分享自己的民主政治建设经验,为世界民主政治的发展贡献中国智慧和中国方案。全过程人民民主理论的发展,体现了中国特色社会主义民主政治的不断成熟和完善,它不仅为中国的政治稳定、经济发展和社会和谐提供了有力保障,也为世界民主政治的多样性和丰富性作出了贡献。

党的二十大报告指出:"全过程人民民主是社会主义政治的本质属性,是最广泛、最真实、最管用的民主。"①全过程人民民主凝聚了党和人民对国

---

① 习近平.高举中国特色社会主义伟大旗帜为全面建设社会主义现代化国家而团结奋斗——在中国共产党第二十次全国代表大会上的报告[M].北京:人民出版社,2022.

家政治生活的理想与追求,生成于党领导人民革命、建设、改革的伟大社会实践之中,在中国特色社会主义民主政治中不断发展完善。中国共产党和人民推动社会主义民主理论与实践创新性发展,创造出具有中国特色的民主治理模式,为人类民主政治发展与现代化治理提供中国智慧与中国方案。全过程人民民主是社会主义民主在新时代中国的新发展、新形态、新表达,其本质是人民民主①。

自1921年成立以来,中国共产党在革命、建设与改革实践的不同阶段过程中,逐渐将"人民民主从单纯关注国家形态的民主建设扩展为同时兼顾创造人民可实践、可运行的民主形式,并将创造人民可实践、可运行的民主形式作为国家形态民主建设的落脚点"②,逐渐打造出具有中国特色的人民民主理论。"民主是全人类的共同价值,是中国共产党和中国人民始终不渝坚持的重要理念。"③全过程人民民主是中国共产党百年民主实践过程中的理论创新,是中国共产党和中国人民在艰难的实践中得出的民主政治智慧的理论结晶。民主一词源自古希腊语 demokratia,即人民当权政治或者人民进行管理。马克思曾指出"'民主的'这个词在德语里意思是'人民当权的'"④。

在中国共产党的领导下,中国建构了现代国家的民主制度和民主形式,区别于西方的精英政治,而倡导一种新时代的民主政治。当代西方的民主政治忽视了民主政治中的重要环节——参与性,仅仅关注选举,作为民主主体的人民成为政治的一种投票机器和摆设形式,这有悖于世界民主政治的发展。而中国倡导的全过程人民民主超越了西方资本主义主导的民主政治的形式化,有效规避"金钱选举""民主失灵"等弊端,真正体现我国人民当家

① 蔡文成.我国全过程人民民主的治理逻辑与治理创新论析[J].思想理论教育导刊,2023(04):72—80.
② 林尚立.论人民民主[M].上海:上海人民出版社,2016:123.
③ 习近平.在中央人大工作会议上的讲话[J].求是,2022(5):4—13.
④ 马克思恩格斯选集(第3卷)[M].北京:人民出版社,2012:371.

作主的本质特征。"民主的发展与国家治理的现代化相伴而生。"①正是我国现代化治理的不断推进,全过程人民民主的理论创新应运而生。"没有民主的治理缺乏民意基础",而"没有治理的民主意味着民主空转"②,在集中体现民意和民愿的同时,民主与治理在实践中的相互贯通是现代政治发展的必然趋势,全过程人民民主是人民民主理论的创新与发展,是我国民主政治在新时代的一大进步。

2. 核心内容

全过程人民民主作为中国特色社会主义民主政治的显著特征,深刻体现了人民在国家政治生活和社会治理中的主体性与主导权。这一民主形态的核心,在于构建一个全方位、多层次、宽领域的民主参与体系,确保人民不仅在选举时行使权利,更能在国家治理的全过程中发挥决定性作用。它要求民主的实践不仅限于投票的瞬间,而是贯穿于决策的制定、执行、监督等各个关键环节,形成一个连续的、动态的参与链条。

人民当家作主是社会主义民主政治的本质特征。人民民主是一种全过程的民主。全过程人民民主,是指在我国,人民依法享有民主选举、民主决策、民主管理和民主监督的权利,坚持以人民为中心的政治立场始终贯穿于国家政治生活的各领域、各方面、各环节。全过程人民民主是一种全新的民主形态,囿于价值目标、历史条件、形成过程的特殊性等,形成了基于马克思主义政治原理、中华优秀传统文化、中国近现代历史条件及我国具体国情的特有政治逻辑,反映了中国特色社会主义民主政治的本质属性、价值立场、政治原则、权力关系、制度框架等。在政治价值上坚持以人民为中心,在政治原则上坚持中国共产党的全面领导,在政治形式上形成人民当家作主的制度体系,在政治效能上促进国家治理现代化,在政治发展上开创人类政治

---

① 中华人民共和国国务院新闻办公室.中国的民主(2021年12月)[M].北京:人民出版社,2021.
② 燕继荣.民主化的含义及拓展空间[J].国际政治研究,2016(2):36—50,4.

文明新形态,并形成不同于西方民主、传统社会主义民主和发展中国家民主的政治逻辑,充分展现了社会主义国家的性质,切实体现社会主义民主政治的本质属性,集中体现中国式民主的鲜明特色①。

全过程人民民主的重要特征体现在以下几个方面。一是全面性:全过程人民民主涵盖了政治、经济、文化、社会等各个领域,确保人民在所有重要事务中都有参与权。二是持续性:民主参与不仅限于选举时期,而是贯穿于决策、执行、监督的全过程,形成一个持续的民主实践循环。三是制度性:全过程人民民主通过一系列法律、制度和程序来保障,确保人民的民主权利得到制度化、规范化地实现。四是有效性:通过建立健全有效的参与渠道和机制,确保人民的意愿和要求能够转化为实际的政策和行动。

全过程人民民主的内涵体现在以下四个方面:一是人民主权。全过程人民民主强调国家的一切权力属于人民,人民是国家政治生活和社会治理的主体;二是民主决策。通过多种形式和渠道,如协商民主、民主评议等,确保人民能够参与到国家和社会重大事务的决策过程中;三是法治保障。全过程人民民主要求依法治国,保障人民的合法权益,确保民主实践在法治轨道上运行;四是参与广泛。鼓励和保障不同群体、不同阶层、不同领域的人民都能参与民主实践,实现民主的广泛性和真实性。

全过程人民民主的方式体现在以下几个方面:一是选举民主。通过选举产生代表人民意志的代表机构和公职人员,如人民代表大会制度。根据《中华人民共和国人民代表大会组织法》第八条的规定,全国人民代表大会每届任期五年。全国人民代表大会会议每年举行一次,由全国人民代表大会常务委员会召集。全国人民代表大会常务委员会认为必要时,或者有五分之一以上的全国人民代表大会代表提议,可以临时召集全国人民代表大会会议;二是协商民主。通过政治协商、民主协商等形式,广泛听取社会各

① 蔡文成.全过程人民民主的政治逻辑分析[J/OL].社会科学辑刊,1—8[2024-02-13].

界意见,形成共识和决策。协商民主包括政党协商、人大协商、政府协商、政协协商、人民团体协商、基层协商及社会组织协商,形成一个有机的整体;三是基层民主。在基层社区和乡村推行自治,由居民委员会或村民委员会管理事务,让人民群众直接参与到本地事务的管理和决策中;四是网络民主。利用现代信息技术,拓宽公民参与的渠道,提高民主参与的便捷性和时效性。

全过程人民民主是中国特色社会主义民主政治的实践创新,它不仅体现了中国对民主政治的独特理解和探索,也为世界民主政治的发展提供了中国智慧和中国方案。通过全过程人民民主,旨在构建一个更加公正、高效、透明和有序的政治和社会治理体系,实现人民对美好生活的向往和追求。

全过程人民民主坚持在中国共产党的领导下,秉承以人民为中心。坚持党的领导、人民当家作主、依法治国有机统一的逻辑,体现我国全过程人民民主的独特优势。全过程人民民主的发展绝对离不开中国共产党的领导,党在国家治理体系中总揽全局、协调各方,是一种富有中国特色的全覆盖权力协同机制,我国宪法规定国家的一切权力属于人民,在制度设计和法律法规安排上确保人民当家作主有序推进,体现全过程人民民主的内在要求。在我国人口数量庞大、幅员辽阔、民族构成多元、经济社会发展不均衡的背景下,中国共产党的民主实践和现代化治理为人民意愿的实现提供了现实基础,中国共产党凭借自身高超的组织能力,为全过程人民民主提供了政治方向的指引与引领,创新全过程人民民主的理念,维护和保障人民的民主权利,中国共产党带头领导中国人民制定并实施宪法法律,以法律的形式确立了人民权利的内容和形式,充分保障人民利益的整合与表达,激发人民政治参与的自觉性和主动性。

全过程人民民主始终坚持以人民为中心的政治价值。民主是全世界、全人类的价值追求,反映出人类文明的价值导向和目标追求。在中国,民主是为十几亿中国人民服务的,是所有中国人民所期盼的,全过程人民民主是在建设社会主义民主中体现出来的人民意志和人民愿望,保障人民利益和人民愿望的实现,促进人的全面自由发展,是遵循我国政治建设、政治发展和政治规律的应有之举。全过程人民民主在坚持以人民为中心的过程中,受到马克思主义民主观、中国传统的民本思想及我国的国家性质的影响。马克思主义民主理论是全过程人民民主的理论渊源,马克思指出:"在民主制中,任何一个环节都不具有与它本身的意义不同的意义。每一个环节实际上不具有与它本身的意义不同的意义。"①全过程人民民主的每个环节都在体现人民的民主,秉承着以人民为中心的价值立场,保证人民群众在现实生活中的各个领域、各个环节充分表达自己的诉求与愿望,并且将人民的诉求与愿望进一步转换成为人人可共享的发展成果。借助于全过程人民民主的形式,开辟了更加广阔的空间和更加丰富的渠道,使得人民可以参加到党和国家政策方针、路线的制定过程中,进行人民意愿的有效表达。与此同时,全过程人民民主构建了多样、畅通、有序的民主渠道,设置完整、连续、协同的民主环节,创造了丰富、高效、快捷的民主参与形式,使得人民群众能够最大程度地参与国家建设的各个方面。毫无疑问,全过程人民民主贯穿国家政治生活的各个方面,渗透进人民的日常生活之中,囊括自下而上的政治参与形式,"全过程人民民主"作为一个具有内在统一性的稳定且严谨的结构体系,其不仅是习近平运用唯物辩证法关于"过程的集合体"思想研究民主问题取得的重大理论成果②,也是中国式民主的高度凝练和集中表达,以其深刻的理论内涵和清晰的实践走向,彰显具有中国特色社会主义民主的优越性。

3. 全过程人民民主与包容参与

2013年,党的十八届三中全会首次提出"推进国家治理体系和治理能力

---

① 马克思恩格斯全集(3)[M].北京:人民出版社,2002:39.
② 张峰.全过程人民民主理念是中国共产党百年民主自信之魂[J].北京联合大学学报(人文社会科学版),2022(1).

现代化"这个重大命题,并把"完善和发展中国特色社会主义制度,推进国家治理体系和治理能力现代化"①确定为全面深化改革的总目标。2022 年,"发展全过程人民民主"被写进了党的二十大报告。在当今世界政治文明的多元发展中,民主不仅是国家治理的基础,更是衡量一个社会文明进步的重要标尺。全过程人民民主,作为中国特色社会主义民主政治的核心理念,深刻体现人民在国家政治生活和社会治理中的主导地位。它强调民主不仅是选举时的一次性行为,而是一个涵盖选举、决策、管理和监督等各个环节的连续过程。而包容参与则是这一理念的实践路径,它要求确保不同群体、不同声音都能在国家治理中得到充分的表达和尊重。分析全过程人民民主的理论内涵、实践形态和制度保障,同时探讨包容参与在其中所扮演的角色,以及如何通过制度创新和实践探索,并进一步探讨全过程人民民主与包容参与的深刻内在联系,有助于促进不同社会群体的广泛参与,增强民主的代表性、包容性和有效性。

全过程人民民主与包容参与都体现了全体人民的共同愿望。随着中国式现代化的稳步推进,发展全过程人民民主是一个本质要求,在党的二十大报告中,强调要"积极发展基层民主"。"基层民主是全过程人民民主的重要体现。"②将全过程人民民主运用至基层社会治理中,是提升基层社会治理效能的重要手段,为中国式现代化夯实基层治理的基础。推进新时代基层治理现代化建设,更好地满足人民实现美好心愿的要求,必须使得全过程人民民主与基层社会治理深入结合,将全过程人民民主的重大理念深深植根进基层社会治理实践中,才能将全过程人民民主与基层民主更好地结合,将基层社会治理的优势转换为全社会治理的效能,实现善治和共治。将全过程人民民主与中国式现代化相结合,表明现代化不仅仅是经济和技术层面的

---

① 中共中央关于全面深化改革若干重大问题的决定[N].人民日报,2013—11—16(1).
② 习近平.高举中国特色社会主义伟大旗帜为全面建设社会主义现代化国家而团结奋斗———在中国共产党第二十次全国代表大会上的报告(2022 年 10 月 16 日)[M].北京:人民出版社,2022.

发展,还包括政治文明的进步,其中民主是关键要素,这就体现了全过程人民民主与包容参与的互动。全过程人民民主具有现代化治理的政治效能,是符合新时代中国特色社会主义发展的人民民主理论。"民主不是装饰品,不是用来做摆设的,而是要用来解决人民需要解决的问题的。"①追求民主不仅仅是中国人民的愿望,更是世界人民的愿望,是推动国家发展、实现良政善治的政治形式和政治制度,是实现现代化治理的必然选择。同样地,包容参与是民主政治的核心要素。它体现了民主的本质,即政治决策应由人民参与并反映人民的意愿和利益。这种参与不局限于单一国家,而是普遍适用于全球范围内对民主价值的追求。包容参与确保了不同社会群体的利益和需求都能得到考虑,有助于减少社会不平等,促进社会正义。这种追求在全球范围内都具有普遍性,因为公平和正义是全人类追求的共同价值。包容参与可以集结更广泛的智慧和资源,提高政策的适应性和有效性。多元的观点和经验有助于制定更加全面和细致的政策,这对于任何国家的治理都是有益的。

全过程人民民主与包容参与都代表了先进的治理方向。全过程人民民主为我国国家治理提供了"民主协商"的先进治理理念。"协商民主"强调在不同阶层、不同阶层、不同群体、不同领域、不同层级的人民群众对社会事务和公共事务进行充分的交流、讨论和协商,尽可能达成共识、具有鲜明的互动性②。我国国家治理现代化的治理理念从管控思维向民主思维的转变,增强我国地方和基层在国家治理过程中的自主性和主体性,横向上积极鼓励公民、市场和社会组织等社会主体参与国家现代化治理的全过程,有效实现治理主体的多元化,加强中国共产党在国家治理体系和治理能力现代化过程中的领导地位,这明显区别于西方国家的现代化治理、凸显具有中国特色的现代化治理。而包容参与无疑也代表了先进的治理方向。当政策制定过

---

①　中华人民共和国国务院新闻办公室.中国的民主[M],北京:人民出版社,2021:2、7、2.

②　蔡文成.全过程人民民主的政治逻辑分析[J/OL].社会科学辑刊,1—8[2024-02-14].

程中包含了广泛的社会参与,这些政策更容易获得公众的理解和支持。协商民主的过程使得政策结果更能反映多数人的意愿,从而提高政策的接受度和执行效率。通过包容参与,不同阶层和群体的意见和建议得以充分表达,这有助于决策者更全面地了解社会各方面的需求和利益,从而提高决策的科学性和合理性。同时,包容参与确保了不同利益群体有机会表达自己的诉求,通过协商民主,可以更好地协调和平衡不同利益,减少社会矛盾和冲突。

全过程人民民主与包容参与都与数字化的社会治理相契合。社会治理作为治理中的重要环节,全过程人民民主在其中发挥着关键作用。随着互联网技术的深入发展,社会治理引进了更多的现代化治理技术,以网络的形式开展现代化社会治理新局面。中国政府正在积极打造数字政府,随着数字技术的广泛应用和社会治理的深入推进,数字政府建设被提升到创新政府治理理念和方式,形成数字治理与社会治理相结合的新局面[1]。全过程人民民主、现代化社会治理与数字政府的结合,是中国式现代化背景下的政府、社会发展的路径选择,推动数字政府建设与社会治理深入联结全过程人民民主,共同致力于建设社会主义民主现代化国家。同样地,包容参与也蕴含于数字化社会治理的框架之中。数字化手段通过互联网和移动平台,使得更多的公众能够不受地域和时间的限制,参与社会治理。这种广泛性是包容参与理念的重要体现。数字化治理能够提供更加丰富、及时的信息资源,帮助公众更好地了解政策背景、治理过程和相关决策,从而在包容参与中做出更加明智的判断和选择。数字化技术可以根据用户的需求和偏好提供定制化的信息和服务,使个体能够在社会治理中发挥自己的特长和优势,实现个性化的参与。

(四)社会契约理论

社会治理与社会契约理论是政治学、社会学领域的重要理论,两者之间

---

[1] 见《国务院关于加强数字政府建设的指导意见》(国发〔2022〕14号)。

存在着密切的关系。本节旨在探讨社会治理与社会契约理论之间的关系，分析社会契约理论对社会治理的启示和指导作用，以期为深化对社会治理理论的认识和完善社会治理实践提供理论支持和实践指导。

1. 理论发展

社会治理与社会契约理论之间存在着密切的联系和相互影响。社会契约理论是政治哲学中的一个重要概念，探讨了国家权力的合法性和公民权利的基础。社会契约理论主张，国家的合法性源于公民之间的协议，即社会契约。公民通过这一契约同意成立政府，并授予政府一定的权力，以保障他们的权利和利益。社会契约理论的发展历程贯穿于西方政治哲学史，从古希腊思想家到近代哲学家，再到现代政治学者，不同学者从各自的视角对这一理论进行了丰富和拓展。社会契约理论的思想根源可以追溯到古希腊时期。虽然古希腊的哲学家没有明确提出社会契约理论，但他们对政治共同体和正义的讨论为这一理论的形成奠定了基础。在柏拉图的对话录《克里托》(Crito)中，苏格拉底通过与克里托的对话表达了对法律和国家的遵守，即使是在不公正的法律下，他也认为自己有义务遵守法律，因为他受益于国家提供的秩序和保护。这种思想可以视为社会契约观念的早期萌芽，即个人对国家的服从源于他们从国家中获得的好处。亚里士多德在其著作《政治学》中探讨了人类作为"社会动物"的本质，他认为人类天生生活在一个政治共同体中。虽然他没有明确提出社会契约的概念，但他的论述影响了后来的契约论思想，特别是对政治共同体和公民角色的理解。

社会契约理论成熟、完善于 17 世纪和 18 世纪的欧洲，主要由托马斯·霍布斯、约翰·洛克和让-雅克·卢梭等哲学家提出，是政治哲学中的一个重要概念。霍布斯的著作《利维坦》被视为社会契约理论的奠基之作。霍布斯提出，在没有政府和法律的"自然状态"下，人类生活在一种"每个人对每个人的战争"状态中，因为在这种状态下，没有任何权威来调解冲突或保护个人的权利。自然状态是一种充满恐惧和暴力的状态，生活是"孤独的、贫困的、肮脏的、残忍的、短暂的"。

　　为了解决自然状态中的混乱,霍布斯认为,人们通过社会契约自愿放弃部分自由,并将其权力交给一个强大的权威(利维坦),即政府。政府的存在是为了维护和平和秩序,保护公民的生命和财产。霍布斯主张,政府一旦成立,公民就必须绝对服从政府的权威,以确保社会的稳定和安全。霍布斯的社会契约理论为绝对主权提供了理论基础,尽管这种观点在后来的契约论发展中受到了挑战。约翰·洛克在其著作《政府论》中对霍布斯的观点进行了修正和扩展,提出了更符合自由主义原则的社会契约理论。洛克同意霍布斯的自然状态理论,但他认为自然状态并不一定是混乱和暴力的,而是一种平等与自由的状态。在自然状态中,人们享有自然权利,如生命、自由和财产的权利。政府的主要职责是保护公民的自然权利。这一思想为后来的启蒙运动和现代民主理论奠定了基础,特别是在美国独立战争和法国大革命中发挥了重要作用。卢梭对社会契约理论进行了进一步的扩展和深化,他提出了"主权在民"和"一般意志"的概念,主张社会契约应该体现公民的共同意志,即"一般意志"。一般意志代表着社会整体的利益,而不是个人或特定群体的利益。

　　卢梭认为,政府的权力应该直接来源于公民的同意,主权应该由全体公民共同掌握。因此,他主张直接民主的政治制度,反对任何形式的代表制或集权。卢梭的社会契约理论强调自由和平等,认为真正的自由只有在一个平等的社会中才能实现。他认为,社会契约的目的是在保留个人自由的同时,建立一个公平的社会秩序。

　　进入 20 世纪后,社会契约理论在以约翰·罗尔斯为代表的学者的推动下得到了现代化的发展。罗尔斯提出了"原初状态"和"无知之幕"的思想实验,重新诠释了社会契约的概念。罗尔斯提出,在"原初状态"下,理性的人们通过"无知之幕"来选择社会的基本原则。"无知之幕"指的是人们在作出决策时,忽略自己的身份、地位、财富等个体特征,从而确保他们选择的原则是公平和公正的。这一思想实验旨在确保社会契约的制定基于公平而非偏私。罗尔斯认为，理性的人们在原初状态下会选择两项正义原则：第一是平等自由原则，即每个人都应享有平等的基本自由权利；第二是差别原则，即社会和经济的不平等应满足以下两个条件：它们对每个人都是有利的，特别是对最不利的人，并且职位和机会对所有人开放。罗尔斯的社会契约理论提供了一个框架，用于评估和设计公平的社会制度，强调正义是社会制度的首要原则。这一理论不仅在政治哲学领域产生了深远影响，还广泛应用于公共政策和法律理论中。

2. 核心内容

社会契约理论的核心在于社会契约的形成，即人们为了避免自然状态中的不安与冲突，自愿缔结契约，建立一个政府或权威机构，以保障他们的权利和安全。社会契约通常包括两个方面的内容。首先，个人放弃部分自然权利，换取社会秩序和公共安全。其次，政府或权威机构承诺通过法律和制度来保护公民的剩余权利。根据社会契约理论，政府的合法性来源于公民的同意。这种同意可以是明示的（直接签署契约）或默示的（通过遵守法律和享受政府提供的公共服务）。政府的存在和权力行使是为了实现社会契约中规定的目标，即保护公民的权利和维护社会秩序。社会契约并非一个实际存在的书面协议，而是一个假设的契约。它是人们为了说明政府合法性和公民义务而设想的理论工具。社会契约理论强调政府与公民之间的相互关系，其中包括公民的权利与义务，以及政府的权利与责任。在社会契约下，公民保留了一些基本权利，如生命权、自由权和财产权。这些权利是不可侵犯的，政府的首要职责是保护这些权利。为了得到政府的保护，公民有义务遵守法律和社会规则，并对政府的合法权威表示服从。这种义务是社会契约的一部分，即公民通过放弃部分自由来获得集体安全和秩序。政府的主要责任是保护公民的基本权利，并维持社会秩序。社会契约理论还涉及政府失职或滥用权力的情形，以及公民在这种情况下的权利。如果政府不再保护公民的权利,或者侵犯了公民的基本自由,社会契约就被视为破裂。在这种情况下,政府失去了其合法性,因为它不再履行社会契约中规定的职责。

社会契约理论还探讨了社会契约的最终目标,即通过建立政府和法律体系,确保社会的秩序与公正。霍布斯认为,社会契约的首要目标是确保社会的秩序与安全,防止自然状态中的混乱和暴力。政府的主要作用是通过法律和强制力量维持社会的稳定。洛克和卢梭则认为,社会契约的目标不仅是维持秩序,还包括保障个人的自由与平等。洛克强调政府应保护公民的财产权,而卢梭则更加关注社会契约如何确保公民在政治上的平等参与。罗尔斯的社会契约理论进一步扩展了这一目标,强调正义是社会契约的核心内容。他提出,社会契约应该以"无知之幕"下的原初状态为基础,以确保社会制度的公正性,确保每个人都能在这个制度下获得公平的机会和利益。

在现代政治哲学中,社会契约理论得到了进一步的发展和应用,特别是在民主理论和正义理论中。现代社会契约理论强调民主的契约性,政府的权力来源于公民的同意,公民通过选举等民主方式表达他们对政府的支持或不满。政府的合法性依赖于公民的持续支持。随着全球化的发展,社会契约理论也扩展到了全球层面,探讨全球治理和国际法的合法性。全球契约理论主张,在国际社会中,各国之间也应有类似于社会契约的安排,以促进全球正义和平。在多元文化社会中,社会契约理论被用来讨论如何在尊重文化差异的前提下,建立一个包容和平等的社会秩序。这一理论强调,在多元文化背景下,社会契约需要考虑不同群体的价值观和权利,确保所有群体都能公平地参与社会生活。

社会契约理论的核心内容涵盖了对自然状态的描述、社会契约的产生、权利与义务的分配、契约的破裂与公民的反抗权,以及社会契约的最终目标与意义。社会契约理论为现代国家的合法性提供了理论基础,强调政府权力的正当性来自于公民的同意和契约的履行。它不仅解释了国家的起源和权力的分配,还为公民的权利保护和政府的责任划定了边界,成为现代民主制度的重要理论支柱。

3. 社会契约理论与包容参与

包容参与是指社会成员在共同生活和共同事务中所进行的协调和管理活动,其内涵包括政府治理、社会组织治理和市民自治治理等多个层面,具有多元化、协同性和开放性的特点。社会契约理论强调个体在社会中的地位和权利是通过契约形成的,政府的合法性和权威也源自人民的契约。社会契约理论主要包括霍布斯、洛克和卢梭等不同观点,但都强调了政府与民众之间的契约关系。

包容参与和社会契约理论有着密切的关系。包容参与的合法性和效能需要建立在公民的参与和权利保障的基础上,这与社会契约理论中政府权威的合法性来源相吻合。社会契约理论提出了政府与民众之间的权利和义务,为包容参与提供了基本的伦理和法治原则。社会契约理论对于政府权力的限制和公民权利的保障,为包容参与中权力制衡和社会参与提供了理论支持。从包容参与的视角审视社会契约理论,可以从四个方面展开:一是政府合法性的来源。社会契约理论认为,政府的权力来自人民的授权,即人民通过契约将自己的一部分自由权利转让给政府,以换取保护和秩序。这种观点强调了政府的责任和义务,为现代民主社会中的政府治理提供了理论基础;二是公民参与的基石。社会契约理论强调个体在包容参与中的作用,认为公民不仅是政府治理的对象,更是参与者和合作者。这种观点鼓励公民积极参与包容参与,通过投票、公共讨论和社会运动等方式表达自己的意见和需求;三是法治的重要性。根据社会契约理论,公民同意遵守共同的法律和规则,这是社会秩序和治理的基础。因此,建立健全的法律体系和法治环境对于包容参与来说至关重要;四是社会正义的追求。社会契约理论认为,契约的目的是实现公共利益和保护困难群体。这要求包容参与不仅要追求效率和秩序,还要关注社会公平和正义,保障所有成员的基本权利。

社会契约理论对包容参与具有重要的启示和指导作用。它提醒人们，政府权力的合法性来自公民的授权，政府应当为人民谋福祉；同时，也提醒公民应当履行自己的义务，参与包容参与。这为包容参与的民主化、法治化和公民参与提供了理论依据。包容参与和社会契约理论之间存在着密切的关系，社会契约理论对包容参与具有重要的启示和指导作用。通过深化对包容参与和社会契约理论关系的理解，可以为完善包容参与理论和实践提供理论支持和实践指导。社会契约理论强调政府与公民之间存在一种隐性或明示的契约关系，政府的合法性来自人民的授权。在包容参与中，社会契约理论强调政府应该尊重并回应公民的需求和意见，使得公民能够积极参与社会决策和治理。

华米受部分政府委托，如无锡文旅，海南、长沙、深圳等地市场监管局，开展第三方评估项目，广泛动员公众作为评估员开展实证调研评价，体现公众参与融入社会决策和治理的环节之中。

（五）数字包容理论

随着技术的不断发展，包容理论与数字化概念结合，延伸出了数字包容理论。理论是对传统包容理论在数字化背景下的新解读，对传统包容理论进行了深刻的拓展与深化。数字包容理论关注技术的演进对不同社会阶层参与社会治理的影响。尤其是信息技术手段对于推动整体公平、推进协同治理的作用。理论在关注宏观参与视角的同时，还富有人文关怀，探索如何提高数字边缘群体的数字应用能力，消弭数字鸿沟，确保社会中的广泛群体都能从数字技术中受益。随着数字化转型的加速，社会正逐步进入一个由数据驱动、网络连接和智能技术定义的新时代。这种转型不仅重新定义了经济结构和日常生活，还为社会公平与包容性带来了新的挑战和机遇。在这一时代背景下，数字包容理论应运而生。数字包容关注人如何在数字化进程中避免被边缘化，让每个人都能平等地获取信息、参与决策并享受数字时代的红利。本节探讨数字包容理论的核心原则，理解其实践应用，以及数字包容在提升社会整体福祉方面的重要作用,分析如何通过政策制定、技术创新和社会化的教育来实现数字世界的包容性,确保技术进步惠及每一个人,使得数字红利成为推动社会公平与可持续发展的重要力量。

1. 理论发展

在以政府为代表的公共部门开展信息技术改革之后,数字包容理论得到了愈发广泛的关注。在欧盟数字包容战略的广泛影响下,数字包容这一概念的界定往往出现于欧洲各类公共机构发布的研究计划和报告中。欧盟在 2006 年签署的"里加部长宣言"(Riga Ministerial Declaration)中指出数字包容的内涵是"通过包容性的信息技术及其使用以实现更广阔的包容性目标。数字包容关注所有个人或群体在信息社会各个方面的广泛参与",具体来看,数字包容内容涵盖了六大优先实践领域,包括注重年长工人及老年人的需求、降低地理数字鸿沟、提高电子易用性和可用性、提升数字化知识和技能的普及性、促进文化多样性与包容和推进包容性电子政府的发展。作为欧洲 i2010(包容)战略计划的三大战略支柱之一,数字包容战略的目标是每个人都能够享受到信息社会的好处,包括由于资源有限或因受教育程度低、年龄、性别、种族、残疾和地理位置等原因而处于不利地位的群体。

数字技术在社会中的应用普及催生出社会数字治理需求。一方面数字技术和数字经济的发展推动了基层社会数字化治理的进程;另一方面数字政府建设在基层社会高质量数字化治理中具有重要优势和作用。数字社会、数字经济和数字政府的形成与发展为基层社会高质量数字化治理的发展带来了机遇。

数字技术的普及催生出社会数字治理需求。

当前,以大数据、物联网、生成式人工智能等为代表的数字技术无不揭示着数字时代的到来。数字技术在以其变革性优势颠覆世界格局的同时,也成为推动世界百年未有之大变局加速演进的重要变量。我国互联网当前快速发展,中国互联网络信息中心数据显示,2024 年 6 月我国网民规模达 11

亿人,互联网普及率达 78%①。互联网的应用普及极大地提升信息传递效率,拓展信息传播空间。凭借便携式笔记本电脑、手机等移动通信设备和各类网站、App 等数字平台,信息制造与传播的门槛和成本也被降低至人人可及的程度。这使得每个人都可以成为自媒体,自主地传播信息。互联网构成的虚拟世界已经融入整个社会,成为与社会活动紧密相连且不可分割的一部分,形成了数字社会。由此产生的数字社会治理也就成为社会治理现代化中的重要一环,并需要不断发展数字化治理来应对。

数字经济的发展推动基层社会数字化治理进程。数字经济的发展为基层社会的数字化治理提供了强大的驱动力。随着信息技术的快速进步和互联网的普及,数字经济逐渐成为全球经济增长的重要引擎,也为基层社会治理带来了前所未有的机遇和挑战。在这种背景下,数字化治理成为基层社会实现现代化和提升治理效能的重要途径。首先,数字经济提供技术支持,推动治理工具的现代化。数字经济的发展带来了大量先进的技术工具,如大数据、人工智能、物联网和区块链等,这些技术工具为基层社会治理提供了强有力的支持。在数字经济的推动下,基层社会可以通过大数据技术对海量信息进行收集、整理和分析。通过对社会舆情、人口流动、资源配置等数据的精细化管理,基层治理者能够更加精准地掌握社区动态,识别潜在问题,并制定有针对性的治理策略。城市社区可以利用大数据分析居民的投诉、建议和需求,从而提高公共服务的针对性和有效性。人工智能技术在数字经济中的广泛应用为基层治理带来了智能化的决策支持。通过 AI 算法的分析和预测能力,基层政府可以更快速地识别社会问题并制定相应的解决方案。物联网技术连接了大量的智能设备,这些设备可以实时监测并反馈环境、交通、安防等各类信息。基层社会治理者可以通过物联网设备实现对公共设施的智能管理,提高管理效率,降低运营成本。区块链技术以其去

① CNNIC. (2024). 第 54 次中国互联网络发展状况统计报告. 互联网数据资讯网-199IT. https://www.199it.com/archives/1718242.html.

中心化、不可篡改的特性,为基层社会治理的透明度和公信力提供了保障。通过区块链技术,基层政府可以建立透明的公共资金管理、投票选举和合同执行系统,防止腐败和舞弊行为,增强公众对政府的信任。

其次,数字经济促进基层社会治理模式的创新。数字经济的发展不仅提供了技术工具,还推动了基层社会治理模式的创新,使治理更加高效、透明和包容。数字经济推动了在线公共服务平台的发展,使基层政府能够更加便捷地提供公共服务。例如,政务服务 App、微信公众号和电子政务网站的应用,使居民可以在线办理各种事务,如社保缴费、医疗预约、教育报名等。这种服务模式不仅提高了行政效率,还减少了居民的时间成本,提升了公共服务的满意度。数字经济为基层社会治理引入了新的参与和协作平台,如社区论坛、社交媒体等。这些平台为居民提供了直接表达意见、参与公共事务的平台,增强了社区的凝聚力和参与感。基层政府可以通过这些平台收集民意,进行实时互动,从而更好地回应居民的需求,增强治理的互动性和民主性。通过整合大数据、物联网和人工智能等技术,这些系统能够实时监测城市和社区的运行状况,自动识别问题并及时响应。数字经济的发展使得基层社会的公共资源调配更加灵活和高效。数字化平台和工具能够实时监测公共资源的使用情况,并根据实际需求进行动态调整。例如,通过数字化管理系统,基层政府可以在不同时间和区域调配警力、医疗资源和公共交通服务,最大化资源利用效率,确保公共服务覆盖到每一个角落。

再次,数字经济推动基层社会治理的透明度与公信力提升。数字经济为基层社会治理的透明度和公信力提升提供了技术支持和机制保障。通过数字化手段,基层政府可以更加公开和透明地进行公共事务管理,增强公众的信任和支持。

数字经济的发展使得信息公开变得更加便捷和广泛。基层政府可以通过政务公开平台、政府网站和社交媒体,及时发布政策、资金使用情况和公共项目进展,接受公众监督。例如,预算公开、工程进度公示、扶贫资金分配等信息的公开,使得居民可以及时了解政府行为,从而减少不信任和误解。数字化治理工具使得基层社会的公众参与更加广泛和深入。通过在线投票、民意调查、公众咨询等数字平台,居民可以更方便地参与公共决策,表达自己的意见和建议。这种参与机制不仅提高了决策的科学性和民主性,还增强了居民对政府的信任,促进了社会和谐与稳定。数字经济的发展还为基层治理中的反腐倡廉提供了有力的技术支持。通过电子监察系统、在线举报平台和区块链技术,基层政府可以更好地监控公共资源的使用,防止腐败行为的发生。例如,在线审计和资金流向监控系统可以有效防止资金挪用和贪污行为,确保公共资源的公正分配,增强政府的公信力。

最后,数字经济推动基层社会治理效率的提升。数字经济的发展极大地提高了基层社会治理的效率,通过技术手段减少人为错误,加快决策和执行速度。数字经济带来了治理过程中的自动化和智能化,减少了人力资源的依赖,降低了管理成本。数字化工具的应用使得基层政府能够实现即时响应,迅速处理社会问题。数字经济的发展促进了基层社会治理中的跨部门协同和资源共享。通过数字化平台,各部门可以更好地共享信息和资源,减少信息孤岛现象,提升协同工作效率。例如,在应急管理中,各部门可以通过数字平台实时共享信息,协调应对,避免因信息不对称导致的管理漏洞。

总体而言,数字经济的发展为基层社会的数字化治理提供了强大的推动力,通过技术支持、治理模式创新、透明度提升和效率提高,基层社会的治理能力得到了显著提升。然而,随着数字经济的进一步发展,基层社会治理也面临着新的挑战,如数字鸿沟、技术依赖和隐私保护等问题。因此,在推进数字化治理的过程中,基层政府需要不断完善治理机制,确保数字经济能够真正服务于社会公平和可持续发展。

2. 核心内容

随着全球化和信息技术革命的不断深入,人们已迈入一个以数字化为显著特征的新时代。数字化是把各种复杂多变的信息转化为计算机可读或度量的数字、数据,再由计算机把这些数字、数据建构起一定的数字化模型,转变成二进制代码,引入计算机系统进行一系列规则性的处理,这就是数字化的演化过程。在这个新时代中,数字技术不仅重塑了人们的工作方式、学习模式和生活习惯,更成为推动社会进步和经济增长的关键力量。然而,技术的发展同时也带来了数字鸿沟问题,即不同群体在获取和利用数字技术方面存在的差异。为了应对这一挑战,数字包容理论应运而生,它强调在数字化进程中实现包容性增长,确保所有社会成员都能够共享数字红利。通过梳理数字包容理论的核心内容,分析其理论基础、实践意义以及面临的挑战和机遇,旨在为推动构建一个更加公平、包容的数字社会提供理论指导和实践路径,如表1-1所示。

表1-1 信息化、数字化、智能化概念辨析

	信息化	数字化	智能化
基本特征	主要集中在将纸质文件、人工流程等传统形式的信息转化为电子数据,通过计算机系统和软件进行存储和管理。例如,企业的信息化包括建立电子档案系统、使用电子邮件和管理信息系统(MIS)等。	是指将现实世界的物理对象和行为转化为可以处理的数字数据。例如,传感器将温度、光强等物理量转化为数字信号,社交媒体平台将用户的行为数据化,企业通过ERP系统实现全流程的数字化管理。	以数据为基础,依靠算法、计算能力和智能设备,使系统具备感知、学习、推理和决策的能力。例如,自动驾驶汽车能够自主感知环境并做出驾驶决策,智能客服系统能够通过自然语言处理与用户互动。

	信息化	数字化	智能化
应用领域	广泛应用于各个行业,如电子政务、电子商务、数字医疗和教育信息化等,通过提高信息的传递速度和准确性,提升各行业的生产力和服务质量。	在工业、农业、金融、医疗、教育等领域得到了广泛应用。例如,工业4.0中的智能制造,金融领域的数字支付和区块链技术,医疗领域的远程医疗和电子病历等,都是数字化的典型应用。	已经在众多领域展现出强大的应用潜力,包括智能制造、智慧城市、智能医疗、自动驾驶、智能家居等领域。比如,智慧城市通过物联网感知城市运行状态并自动调整交通、能源等系统,以提高城市的管理效率。
目标	提高信息的获取、传递和利用效率,为组织或社会提供及时、准确的信息支持,从而提高其竞争力和管理效率。	通过对数据的收集、分析和应用,实现业务流程的优化、资源的合理配置以及决策的智能化,使组织能够在动态环境中更快速地响应和调整。	通过使机器和系统具备类似人类的智能,实现自动化、个性化和精确化的操作,提高生产力、降低成本,并为人类生活和工作提供便利。

根据以下资料整理而成:贾根良.第三次工业革命与工业智能化[J].中国社会科学,2016(06):87-106,206;孙早,侯玉琳.工业智能化如何重塑劳动力就业结构[J].中国工业经济,2019(05):61-79;洪银兴,任保平.数字经济与实体经济深度融合的内涵和途径[J].中国工业经济,2023(02):5-16.

数字包容理论以应对数字鸿沟问题为体系内容。随着技术的不断演进,数字鸿沟问题日益突出。数字包容理论旨在通过一系列策略和措施,缩小这种差距,确保所有社会成员都能够平等地参与和受益于数字社会。数字鸿沟不仅是数字技术获取上的差距,更是经济、社会、教育和文化方面的不平等在数字时代的反映。这种鸿沟表现在三个方面。一是数字技术获取的差距。不同地区、不同社会群体在数字技术的获取上存在显著差异。经济发达地区的居民通常拥有更好的互联网接入条件和数字设备,而欠发达地区的居民则可能面临基础设施不足、设备昂贵等问题,难以享受到数字技术带来的便利。二是数字技能的差异。即使在拥有相似的技术设备和接入条件下,个体之间的数字技能也存在显著差异。教育水平较高、年轻的群体通常更容易掌握和应用数字技术,而老年人、低学历者等群体在使用数字技术时可能面临更大的困难,无法充分利用数字资源。三是信息获取和利用的差距。信息时代的到来使得信息的获取和处理能力成为关键。然而,不同群体在信息素养方面的差异,导致了他们在信息处理、辨识虚假信息,以及利用信息进行决策时的能力差距,从而加剧了社会不平等。这些数字鸿沟不仅限制了部分社会成员的数字参与,还可能导致他们在经济、教育、医疗等方面进一步落后,从而加剧社会的分化和不平等。因此,数字包容理论作为应对数字鸿沟问题的体系内容,旨在通过全面的策略和措施,消除这些差距,促进社会公平和可持续发展。

数字包容理论以应对数字鸿沟问题为核心,涵盖了五个关键领域。一是技术基础设施的普及与公平分配。这包括提高互联网的可及性,还包括确保设备的可负担性,使得更多的人能够接触到现代数字技术。二是提升全民的数字素养。提升全民的数字技能和信息素养,是确保个体能够有效使用数字技术并从中受益的关键。三是政策与法律框架的支持。为了有效实施数字包容理论,政府的政策支持和法律保障是不可或缺的。数字包容理论要求政府制定相应的政策和法律框架,确保数字包容措施的落实和可持续性。四是数据隐私与安全保障①。在推动数字包容的过程中,确保公众的隐私和数据安全,制定相关法律,保护个体免受数据滥用和隐私侵犯的风险。五是多方协作与社会参与。数字包容的实现不仅依赖政府的推动,还需要企业、社会组织和公众的共同参与和协作。各方应共同努力,促进数字包容的全面实现②。

尽管数字包容理论已经在缩小数字鸿沟方面取得了一定的进展,但随着技术的不断发展,新的挑战也在不断出现,包括新兴技术带来的新鸿沟。随着5G、人工智能、区块链等新兴技术的发展,新的数字鸿沟可能会出现。在推动数字包容的过程中,如何平衡数据共享与隐私保护,也是一个亟须解决的挑战。③ 确保个体的数据主权不被侵犯,同时推动技术普惠,是未来数字包容发展的关键。数字包容理论的核心内容围绕应对数字鸿沟问题展开,涵盖了从基础设施建设、数字素养提升到政策支持和社会参与的多个方面。通过这一体系,数字包容理论致力于确保所有社会成员都能平等地参与数字社会,并从中受益。④ 随着技术的不断进步和社会的变化,数字包容理论将继续发展,以应对新的挑战,推动一个更加公平、包容和可持续的数字未来⑤。

3. 数字包容理论与包容参与

2023年2月,中共中央、国务院印发的《数字中国建设整体布局规划》提出,到2035年,数字中国建设体系化布局更加科学完备,经济、政治、文化、社会、生态文明建设各领域数字化发展更加协调充分,有力支撑全面建设社会

---

① 李宇佳.美国宽带技术机会项目推动公共图书馆数字包容研究[J].图书情报知识,2016(4):45—53.

② 徐瑞朝,曾一昕.英国政府数字包容战略及启示[J].图书情报工作,2017,61(5):66—72.

③ 陈水生,谢仪.数字治理价值的偏离及其复归:基于"数字抗疫"的案例研究[J].电子政务,2023,242(2):18—30.

④ 赵淼,鲍静,刘银喜.从赋能到包容:数字政府建设非均衡困境生成机制及化解路径[J].中国行政管理,2022(12):41—48.

⑤ 王振兴,韩伊静,李云新.大数据背景下社会治理现代化:解读、困境与路径[J].电子政务,2019(4):84—92.

主义现代化国家。数字技术助力全面建设社会主义现代化国家的时代重任又一次摆在全社会面前。在数字化时代背景下，信息技术的快速发展为社会带来了深远的影响，数字化手段不仅极大地丰富了人们的生活，也为经济增长和社会进步提供了新的动力。然而，随之而来的数字鸿沟问题也日益凸显，成为制约社会公平和可持续发展的关键因素。数字包容理论正是在这样的背景下应运而生，它关注如何通过消除数字鸿沟，确保所有人都能平等地享受到数字技术带来的便利和机遇。与此同时，包容参与作为民主治理的核心理念，强调在决策过程中充分听取和尊重不同群体的声音。随着治理的前沿不断突破，数字包容理论与包容参与的相互作用和协同效应有目共睹，以促进数字包容来加强社会参与，有助于构建一个更加开放、平等、包容的数字社会。

数字包容理论有效缓解包容治理的现存困境。数字包容理论作为一种系统性框架，旨在解决由于数字鸿沟和技术不平等而引发的治理困境。包容治理的核心在于确保所有社会成员都能平等地参与和受益于社会治理过程。然而，随着数字化的深入推进，许多传统的治理模式面临着新的挑战，尤其是在社会各阶层的公平参与和信息获取方面。数字包容理论通过一系列的策略和措施，有效缓解了包容治理的现存困境。具体来看，这种缓解作用体现在六个方面。一是缓解数字鸿沟导致的参与不平等。数字鸿沟是包容治理面临的首要困境之一，它导致了不同社会群体在获取和使用数字技术方面的显著差异，进而引发参与不平等问题。数字包容理论通过一系列措施，有效缩小了这种差距。数字包容理论强调通过提升数字基础设施的普及率，特别是在农村和欠发达地区，确保更多的社会成员能够接入互联网。政府和企业的联合行动，如提供廉价的宽带接入、设立社区互联网接入点等措施，从而缩小不同地区和群体之间的技术获取差距。为缓解因数字技能差异导致的参与不平等，数字包容理论倡导普及数字技能教育。通过学校教育、社区培训、在线学习平台等多种途径，提升公众的数字素养，特别是针对老年人、低收入人群和残障人士。这不仅使更多人能够有效使用数字技术，还增强了他们在数字治理中的参与能力。二是增强信息获取的公平性。在传统治理中，信息获取的差异加剧了社会的不平等。数字包容理论通过确保信息的广泛可及性和透明度，有效缓解了这一困境。数字包容理论强调通过数字平台推进信息的公开与透明，确保所有社会成员都能平等地获取关键信息。例如，政府可以通过建立公开的在线数据平台，提供政策信息、财政数据和公共服务信息，减少信息不对称现象，增强提升信息的透明度和公信力。为确保信息获取的包容性，数字包容理论倡导开发多语言和无障碍的数字内容。通过提供多语言支持和无障碍设计，确保语言障碍者、残障人士等能够平等获取信息，并参与公共事务。这种包容性的设计有助于消除信息获取过程中的障碍，确保所有人都能公平参与社会治理。三是提升社会参与的广泛性和深度。数字包容理论通过推动数字工具和平台的广泛应用，使得社会参与变得更加广泛和深入，解决了传统治理中参与度低的问题。通过电子政务和在线公共服务平台，数字包容理论使得更多的公民能够便捷地参与公共事务的管理。在线投票、公共政策咨询平台和政务服务 App 的应用，极大地降低了参与的门槛，使得公民能够在家中通过网络直接参与政府决策过程。这不仅提高了公众参与度，还增强了政策的响应性和合法性。数字包容理论还通过推动社区数字化参与，增强了社会的凝聚力和公民的责任感。例如，通过社区社交媒体、在线讨论论坛和公民科技项目，居民能够更好地参与社区治理，表达意见和建议。这种基层民主的强化，有助于提升社会治理的包容性和有效性。四是解决技术依赖和社会排斥问题。技术依赖和社会排斥是包容治理中的另一个重大困境。数字包容理论通过确保技术的公平应用和社会包容性，缓解了这些问题。数字包容理论倡导开发更加用户友好的技术和平台，特别是针对老年人、残障人士和低技能人群。这些平台通过简化操作界面、提供多种辅助功能，降低了技术使用的门槛，使得更多社会成员能够无障碍地使用数字技术，减少因技术复杂性导致的社会排斥现象。数字包容理论强调通过政府、企业、社会组织和公民的合作,推动包容治理的实现。这种合作治理模式不仅能够调动更多资源,还能够通过多方参与确保技术的公平应用,避免单一技术或平台垄断带来的社会排斥问题。五是应对隐私保护与数据安全挑战。随着数字治理的深入推进,隐私保护和数据安全成为不可忽视的挑战。数字包容理论通过建立严密的隐私和安全框架,有效缓解了这些困境。数字包容理论提倡通过法律法规和技术手段,强化数据隐私保护。政府和企业应当制定严格的数据保护政策,确保个人信息在数字治理过程中不被滥用或泄露。隐私保护的加强,有助于增强公众对数字治理的信任,促进更加广泛的社会参与。数字包容理论还强调提升网络安全防护水平,通过加强网络安全基础设施建设、推广安全技术和提升公众的安全意识,防范网络攻击和数据泄露事件的发生。这种多层次的安全防护措施,确保了数字治理的安全性和稳定性,为包容性治理奠定了坚实的基础。六是推动数字技术在全球范围内的普惠。数字包容理论不仅在国内范围内促进包容治理,还通过推动数字技术的全球普惠。数字包容理论支持全球范围内的数字普惠计划,通过国际合作、技术援助和发展项目,帮助欠发达国家和地区缩小数字鸿沟。例如,推动国际组织和发达国家提供资金和技术支持,帮助发展中国家建设数字基础设施和普及数字教育。2019年10月,党的十九届四中全会明确指出,把"科技支撑"作为"社会治理体系"建设的重要内容。2024年7月召开的党的二十届三中全会通过的《中共中央关于进一步全面深化改革、推进中国式现代化的决定》中强调,加快构建促进数字经济发展体制机制,完善促进数字产业化和产业数字化政策体系。在开启全面建成社会主义现代化强国的新阶段,数字技术对社会治理的科技支撑也进入关键时期,需要给予更多关注。

数字技术是赋能包容参与的全新引擎。在全球数字化转型的背景下,数字技术正在彻底改变社会、经济和政治参与的方式。随着信息技术的飞速发展,数字技术不仅重新定义了人们的生活和工作方式,还为包容性参与提供了前所未有的机会。通过数字技术,各类社会群体,无论其地理位置、经济背景、教育水平或身体状况如何,都能够更平等地参与社会事务,享受数字经济和数字社会带来的红利。数字技术对包容参与的赋能体现在六个方面。一是拓宽参与渠道和平台。数字技术通过各种在线平台和工具,极大地拓宽了社会各界参与公共事务和经济活动的渠道,使得更多人能够表达意见、参与决策和享受服务。社交媒体、在线论坛、数字社区等为公众提供了便捷的表达平台,使他们可以通过这些渠道参与公共讨论、发表意见,甚至直接与决策者互动。例如,政府可以利用这些平台进行公共咨询、民意调查,从而更好地反映和回应民众的需求。数字技术使得远程工作和在线教育成为可能,打破了时间和空间的限制,赋予更多人参与经济活动和获取知识的机会。特别是在偏远地区或因身体条件无法外出的人群,通过数字平台可以实现平等参与和学习,提升其经济和社会地位。数字技术推动了电子政务的发展,简化了公共服务的获取过程,使公民能够更方便地参与政府管理和服务。例如,通过在线政府服务平台,公民可以随时随地办理各种事务,如纳税、申请福利、参与投票等,打破了行政壁垒,提高了参与的便捷性;二是推动包容性经济增长。数字技术赋能包容性经济增长,使得更多人能够参与经济活动,尤其是在传统经济模式下处于弱势地位的群体。数字技术降低了创业门槛,通过电商平台和在线市场,个人和小型企业可以直接接触全球市场,扩大其商业机会。特别是对于农村居民、手工艺者和初创企业,数字平台为他们提供了进入市场的新路径,促进了收入增长和经济独立;三是增强民主与社会参与。数字技术赋能了民主过程和社会参与,尤其是在扩大公众参与度、提高透明度和增强问责性方面发挥了关键作用。数字技术使得电子投票和在线公民参与成为可能,降低了参与的成本和门槛。通过电子投票系统,公民可以更方便地参与选举和决策过程,特别是对于那些居住在偏远地区或行动不便的人群,电子投票使得他们能够平等地行使民主权利。通过数字技术,政府的透明度得到了极大提升。在线数据公开平台、政务微博、政府网站等工具使得公众可以更容易地获取政府信息,并对其行为进行监督。例如,预算公开、项目进展公示等措施增强了公共资源管理的透明度,推动了政府的廉洁和高效运行。数字技术还赋能了公众参与维度的治理,即利用技术工具促进公众参与和社会创新。通过社区平台、众筹项目和在线请愿,公民可以自发组织、表达需求,甚至直接推动政策的改变。这种基层民主参与方式增强了公民的主体性和社会责任感,推动了社区的自治和社会的进步;四是促进教育与知识的普惠化。数字技术极大地促进了教育和知识的普惠化,使得更多人能够获得优质教育资源,提升自身能力和社会地位。通过在线教育平台,全球各地的人们可以平等地获得世界一流大学的课程和教育资源。数字技术除了推动开放课程的普及,也推动了教育领域的个性化学习,通过 AI 技术和大数据分析,在线学习平台可以根据学生的学习进度和兴趣爱好提供定制化的学习路径,帮助学生实现更高效地学习。这种技术的应用,特别是在资源匮乏的地区,能够有效提升教育质量,缩小教育差距。这种知识的普惠化为社会的包容性发展奠定了基础,特别是在知识获取渠道有限的地区和群体中,数字图书馆提供了新的学习机会;五是助力困难群体的社会融入。数字技术在帮助困难群体融入社会方面发挥了不可忽视的作用,使得他们能够更好地参与社会生活,享受社会发展带来的红利。数字技术的发展推动了许多无障碍设计和辅助技术的发展,如屏幕阅读器、语音识别、手语翻译软件等,这些技术使得残障人士能够更容易地参与到数字社会中,获取信息、表达意见,并享受数字服务。面对老龄化社会的挑战,许多国家和社区推出了针对老年人的数字融入计划,如数字技能培训班、专门设计的老年人友好型应用程序等。这些措施帮助老年人克服技术障碍,融入数字社会,减少社会孤立感,提高生活质量。数字技术还为移民和少数族裔提供了更广泛的参与机会。通过社交媒体、在线社区和多语言服务平台,移民和少数族裔能够更好地融入新社会,表达他们的需求,增强社会包容性;六是推动全球视野与跨文化交流。数字技术打破了地理边界,促进了全球视野的形成和跨文化交流的深化,为包容性参与提供了新的平台。通过社交网络、跨国在线社区和国际合作平台,不同文化背景的人们可以进行实时互动,分享经验和观点。这种跨文化的交流推动了不同文化间的理解与合作。数字技术也为国际关系和全球治理带来了新的方式,通过数字外交和在线合作平台,国家、国际组织可以更加便捷地开展对话和合作,推动全球问题的解决,如气候变化、公共卫生、和平与安全等。虚拟现实(VR)技术使得跨文化体验更加生动和深入,人们可以通过VR技术"身临其境"地体验不同国家和文化的生活方式,这种技术促进了跨文化的理解和包容,为全球包容性社会的构建贡献力量。然而,在享受数字技术带来的便利和机遇的同时,也必须警惕技术可能带来的新型不平等和社会分化,确保数字技术真正服务于全体社会成员,实现全面的包容参与。

数字技术是赋能利益共同体建设的关键保障。基于中国社会治理现状,构建合理、合法、互惠的利益共同体,打造社会治理的利益联盟,离不开数字技术的全方位保障。利益共同体指的是在某一特定领域或环境中,各方因共同利益或目标而形成的协作网络或群体。随着数字化的推进,数字技术不仅为利益共同体提供了新的工具和平台,也通过提升效率、增强透明度、促进合作和创新,成为其建设和发展的核心驱动力。数字技术对利益共同体建设的保障体现在五个方面。一是提升协作效率与沟通便捷性。数字技术通过提供高效的沟通工具和协作平台,极大地提升了利益共同体内部的协作效率和沟通便捷性。这对于需要跨地域、跨时区协作的利益共同体尤为重要。数字技术催生了诸多在线协作工具,使利益共同体成员能够实时沟通、分享信息、分配任务,并对项目进展进行跟踪。这些工具打破了时间和空间的限制,使成员能够更高效地合作,确保信息的及时传递和任务的有效执行;二是增强透明度与信任度。透明度和信任度是利益共同体稳定发展的基石,数字技术通过多种手段增强了这些方面的保障。区块链作为一种去中心化和不可篡改的技术,在利益共同体的透明治理中发挥了重要作用。通过区块链技术,所有交易和决策记录都可以在公开账本上查看,确保所有成员对关键决策和财务状况有透明的了解。这种透明度有助于增强成员之间的信任,防止腐败和欺诈行为的发生。数字技术通过数据公开平台和可视化工具,使利益共同体的运营数据、决策流程和绩效指标变得更加透明。成员可以通过可视化仪表板实时监控项目进展、资源分配和资金使用情况,这不仅提高了共同体的管理效率,也提高了成员对共同体的信任和忠诚度。智能合约是基于区块链的自动执行协议,通过预设条件的自动执行,减少了人为干预和不确定性。智能合约的应用确保了利益共同体中的各方按约定履行职责,增强了交易的透明性和可靠性,进一步巩固了成员之间的信任基础;三是促进创新与资源整合。数字技术为利益共同体提供了创新的工具和平台,使其能够更好地整合资源,提升创新能力,从而实现共同利益的最大化。数字技术支持创新平台和众包模式的发展,使得利益共同体能够广泛吸引和整合外部资源和创意。例如,开放创新平台允许外部专家、消费者和利益相关者参与产品开发和问题解决,这种模式不仅提高了创新效率,还使得共同体能够利用全球智慧,实现更大的突破。通过大数据和人工智能技术,利益共同体可以从海量数据中挖掘有价值的信息,优化决策过程。数字技术促进了资源的共享和协同发展,特别是在知识、技术和资本等关键资源的整合上。共享经济模式的兴起,催生了一大批共享平台,Airbnb 和 Uber 是其中的典范,展示了如何通过数字平台将分散的资源有效整合,实现利益最大化。这种模式也为其他领域的利益共同体提供了借鉴,推动其更有效地利用资源,实现协同发展;四是支持跨界合作与全球化发展。在全球化背景下,利益共同体往往需要跨越国界和行业的合作,数字技术为这种跨界合作提供了必要的支持和保障。数字技术提供的跨国合作平台使得不同国家和地区的利益共同体能够更便捷地进行合作。例如,国际科研合作平台、全球供应链管理系统等,允许跨国团队实时共享信息、协同工作,打破了地理限制,促进了全球化发展。数字技术通过自动翻译、语言识别和多语言平台,消除了跨文化沟通的障碍,使不同语言背景的成员能够顺畅交流,提高了跨国合作的有效性和效率;五是强化风险管理与危机应对能力。利益共同体在发展过程中不可避免地会面临各种风险和危机,数字技术为其提供了有效的风险管理和危机应对工具。数字技术通过预测分析和风险预警系统,帮助利益共同体提前识别和评估潜在风险。例如,基于大数据的预测模型可以预判市场波动、供应链中断等风险,并提前制定应对策略。这种预警能力使得利益共同体能够更主动地应对挑战,减少潜在损失。总体而言,数字技术作为赋能利益共同体建设的关键保障,通过提升协作效率、增强透明度、促进创新、支持跨界合作和强化风险管理,为利益共同体的发展提供了坚实的技术基础。随着数字化进程的不断深化,数字技术将继续在利益共同体的建设和发展中发挥关键作用,推动其在全球化背景下实现更高效、更包容、更可持续地发展。同时,在利用数字技术的过程中,利益共同体也需要警惕技术可能带来的新挑战,如数据隐私、技术垄断和数字鸿沟等问题,确保技术真正服务于共同体的长期健康发展。

四、包容参与的实践链条

（一）包容参与以分权为行动起点

分权是包容参与的起点,它涉及将决策权从中央政府下放到地方政府、社区或企业、社会组织。这个过程的目的是让决策更加接近公众,提高政府的响应性和透明度。分权能够识别和转移权力,即确定哪些决策和资源可以下放,并将其转移给地方政府、社区或企业和社会组织。决策与资源的下放应遵循严格的程序。

1. 识别可以下放的权力

在分权的过程中,确定哪些决策和资源可以下放并转移给地方政府、社区、企业和社会组织是一个关键步骤。这个过程需要仔细地规划和评估,以确保权力下放能够带来预期的效益,同时避免可能的风险。在决定下放哪些决策和资源之前,一是需要对地方政府、社区、企业和社会组织的需求进行评估。了解地方政府面临的具体问题、挑战以及发展目标。二是,也需要评估它们接收和有效管理这些权力和资源的能力,包括技术、人力、财务和制度等方面。根据评估结果,确定哪些决策领域适合下放。通常,与地方民生密切相关的决策领域,如教育、卫生、城市规划和环境保护等,更适合地方政府、社区、企业和社会组织来管理。这是因为它们更了解当地的情况和需求,能够做出更符合实际的决策。资源下放涉及财政资源、人力资源、物质资源等,需要制定一个公平合理的资源分配计划,确保地方政府或社区能够获得执行新职责所需的资源。这可能包括转移预算、提供培训、技术支持和其他必要的援助。为了确保下放的决策和资源得到有效管理,需要设立监督和评估机制,包括定期检查地方政府、社区、企业和社会组织的执行情况,评估政策效果,以及收集反馈和建议。这些信息将用于调整和改进下放的决策和资源管理。

分权过程中,透明度和问责制至关重要。需要确保决策过程公开透明,利益相关者能够了解和参与。同时,地方政府、社区、企业和社会组织应对其决策和资源管理负责,接受公众监督和评价。分权促进公众参与和协作。鼓励公民、社区、社会组织、企业和其他利益相关者参与决策过程,可以提高政策的接受度和有效性。通过协作,集合多方的智慧和资源,共同解决问题。分权是一个逐步实施的过程,可能需要从试点项目开始,逐步扩大到更广泛的领域。在这个过程中,需要不断调整和完善政策,以适应不断变化的环境和需求。如此,可以确保分权过程有序进行,有效地将决策和资源下放给地方政府、社区、企业和社会组织,从而推动包容参与的发展。

合作社是分权的一个典型案例。合作社可以简单地解释为,人们自愿联合,通过共同所有和民主管理的企业来满足共同的经济和社会需求的自治组织。因此,合作社也可以定义为,人们平等拥有和管理企业,使用企业提供的服务或者为该企业工作,本质上相当于社会力量在政府权力下放的权限内开展自我管理。1844 年,英国罗奇代尔镇的纺织工人和其他的手工业者成立了公平合作社,合作者开放各自的粮仓,以公平的价格售卖粮食。这被认为是世界上第一个成功的合作社,为现代合作社树立了典范。

华米在长期实践中也逐步形成了需求方(政府、企业)和供应方(评估员)之间的新型合作关系。例如,一家连锁企业将员工绩效考核中的某个评价环节定向"众包"给平台注册评估员。这种合作关系基于评估员自觉自愿的逻辑,即需求方给出的酬劳有吸引力,供应方能够满足项目的准入门槛和执行要求,双方在一个指定时间段内达成合作意向,评估员通过劳动获得报酬,但和这家企业,以及撮合平台方之间均无固定雇佣关系。通过这种灵活的合作模式,企业与评估员之间形成了双赢合作关系。企业把某项管理权限"分发"到社会面,华米平台将这些"权限"作为资源传递给公众,在过程中进行实施质量和操作规范的把控,一边帮助企业减负,一边为匹配的参与者新增收入渠道,是对包容治理产生社会效益和经济效益双丰收的宝贵实践。

2. 明确与地方机构的联系

确保地方政府、社区、企业和社会组织有足够的能力和资源来承担新的职责。明确与地方机构的联系是分权过程中的一个重要环节,地方政府、社区、企业和社会组织应具备承担新职责所需的能力和资源。这一过程的关键在于加强地方治理结构,提升公共服务质量,并确保决策过程的透明度和问责性。首先要提升地方政府、社区、企业和社会组织在管理、技术、财务和法律等方面的能力,包括为地方政府官员、社区领导者、企业和社会组织提供培训,增强他们的管理能力和专业知识、提供必要的技术支持和咨询服务,帮助地方政府、社区、企业和社会组织有效利用现代信息技术和数据分析工具、建立和完善地方性法规,确保地方政府、社区、企业和社会组织在法律框架内行使权力和履行职责、资源分配涉及将财政资源、人力资源和物质资源转移到地方政府、社区、企业和社会组织,确保地方政府获得足够的财政资金来支持其新的职责和项目。人力资源配置,合理分配人力资源,确保地方政府、社区、企业和社会组织有足够的工作人员来提供服务和管理项目。投资地方基础设施,如学校、医院、道路和公共设施,以支持地方发展和居民福祉。建立有效的治理结构和程序,以支持地方政府和社区的决策和管理。这包括建立透明和参与性强的决策机制,确保地方政府和社区能够根据民意和实际情况制定政策。建立问责制度,确保地方政府、社区、企业和社会组织的行为受到监督,并对其决策和行为负责。构建高效的公共服务体系,提供教育、卫生、社会保障等基本服务,确保地方政府、社区、企业和社会组织能够有效承担职责的关键。通过公众咨询和听证会等形式,收集居民的意见和建议,鼓励社区、企业和社会组织代表参与地方政府的决策过程,确保社区的声音得到听取。支持和培育社会组织,特别是社区社会组织和志愿者团体,以增强社区的自我管理和服务提供能力。如此,地方政府和社区不仅能够获得承担新职责所需的资源和能力,还能够建立起更加有效和负责任的治理体系。这样的体系能够更好地响应居民的需求,促进地方发展和社会和谐。

3. 促进地方自治

鼓励地方政府和社区根据自己的特点和需求制定政策和计划。促进地方自治是分权治理模式的核心原则之一,它强调地方政府和社区应根据其独特的社会、经济和文化背景来制定和执行政策和计划。这种自治权的赋予有助于确保政策更加贴近民众的实际需求,提高政策的有效性和公众的满意度。促进地方自治,实现包容参与、协作治理,要注意七个方面。一是了解地方自治的意义。地方自治指的是在一个国家的治理体系中,地方政府和社区拥有独立的权力和责任,根据当地的具体情况进行决策和管理。与中央集权不同,地方自治强调权力的下放,使得地方政府能够更灵活地应对本地的挑战和机遇。这种自治权的赋予不仅是对地方治理能力的信任,更是对民众需求的尊重。二是根据地方特点制定政策。不同地区的社会、经济和文化背景各不相同,因此,全国统一的政策往往难以满足地方的具体需求。地方政府和社区拥有自主制定政策的权力,可以根据当地的特点,制定更加精准和有效的政策。例如,一个以农业为主的农村地区和一个以高科技产业为主的城市地区,在资源配置、经济发展策略和社会福利政策上可能有截然不同的需求。地方自治允许地方政府制定符合当地实际的政策,确保政策的有效性。三是提高政策的有效性和公众满意度。地方自治赋予地方政府和社区制定政策的权力,能够确保政策更加贴近民众的实际需求,从而提高政策的有效性。例如,地方政府可以根据当地居民的意见和建议,制定和调整公共服务的提供方式,以更好地满足居民的需求。这种自下而上的政策制定过程,可以增强政策的适应性,使其更具针对性,从而提高政策实施的成功率和公众的满意度。四是促进地方政府的创新能力。地方自治还激励地方政府在政策制定和执行方面进行创新。因为地方政府和社区了解自身的优势和不足,他们可以在政策设计上进行实验和创新,探索出符合本地实际情况的治理模式。例如,在应对环境保护问题时,某些地方可能会根据其特有的自然资源和环境条件,创新性地引入可持续发展的政策和技术,成为全国甚至全球的典范。这种创新能力不仅推动了地方的发展,也为其他地区提供了宝贵的经验。五是增强地方政府的责任感。地方自治增强了地方政府的责任感和问责性。由于地方政府直接负责制定和实施政策,他们对政策效果负有更直接的责任。这种直接的责任关系,促使地方政府更加重视政策的有效性,并努力提高行政效率,更容易倾听民众的声音,并在政策制定和执行过程中作出及时调整。六是增强公民参与度和社会凝聚力。地方自治为公民参与提供了更多机会,使得居民可以通过地方选举、公众咨询、社区会议等方式,直接参与政策的制定和监督过程。这种广泛的参与不仅提高了政策的透明度和问责性,也增强了社会的凝聚力。通过积极参与地方事务,居民能够更深入地理解政府的决策过程,从而增强对政府的信任感和对社区的归属感。这种参与感和归属感是社会稳定与和谐的重要基础。七是促进地方间的良性竞争。在分权治理模式下，各地方政府在享有自治权的同时，也面临着彼此之间的竞争。这种竞争可以激励地方政府不断提高治理水平，以吸引更多的资源和人才。例如，地方政府可能通过提供更优质的公共服务、更友好的商业环境，吸引投资和劳动力，从而推动地方经济的发展。这种良性竞争不仅有助于提升地方政府的治理能力，也有助于实现整个国家的协调发展。

鼓励地方政府和社区根据自身特点和需求制定政策和计划，是分权治理模式的重要体现。这一原则通过赋予地方政府自治权，确保政策制定过程更加贴近民众的实际需求，增强了政策的有效性和公众的满意度。同时，地方自治还促进地方政府的创新能力、增强责任感和问责性、提高公民参与度，进而提升了社会凝聚力和治理水平。在全球化和信息化日益发展的今天，地方自治将继续在提升治理效能、实现可持续发展和增强社会稳定方面发挥关键作用。

（二）包容参与以协商为沟通机制

协商是在分权基础上建立的沟通机制，它确保所有利益相关者都有机会参与决策过程。协商的关键在于建立对话平台，创建多方利益相关者可以交流意见和信息的平台。建立对话平台是促进包容参与和多方利益相关者参与的关键策略。这种平台为不同背景、观点和利益的个人和团体提供了一个共同交流、讨论和解决问题的机会。

建立对话平台有以下几个关键的方面，值得引起高度的重视。一是促进沟通与理解。对话平台的首要目的是促进各方之间的沟通与理解。通过面对面的会议、工作坊、研讨会或在线论坛，利益相关者可以直接交流意见，分享信息和经验。这种直接的互动有助于打破隔阂，增进相互理解，为建立共识和合作打下基础。二是包容性与多样性。一个有效的对话平台应当鼓励多样性，确保不同群体和利益相关者的声音都能被听到。这包括邀请来自不同社会、经济和文化背景的代表参与，以及确保困难群体和少数派有平等的发言权。多样性不仅丰富了讨论的内容，也有助于制定更全面和公正的决策。三是结构化与规则明确。对话平台需要有明确的目标和结构化的议程，以确保讨论的效率和成果。这包括制定讨论规则、时间表和决策流程。明确规则有助于维持秩序，防止对话过程中的冲突和偏题，确保所有参与者都能在平等和尊重的环境中表达自己的观点。四是中立与公正。为了建立信任和促进开放的讨论，对话平台应当保持中立，避免任何形式的偏见和歧视。平台的主持人或组织者应当公正地协调讨论，确保所有参与者都有机会发言，并且确保他们的意见得到认真对待。五是结果导向与行动计划。对话平台不仅仅是为了讨论，更重要的是要产生实际的成果和行动计划。这意味着讨论应当以结果为导向，最终形成具体的建议、政策或项目。平台应当提供必要的资源和支持，以确保这些成果能够被实施，并进行后续的监测和评估。六是持续性与跟进。建立对话平台是一个持续的过程，需要定期的跟进和评估。这包括对讨论成果的实施情况进行监督，以及根据需要调整对话的策略和方法。持续性的对话有助于建立长期的合作关系，并确保治理过程的动态性和适应性。如此，建立对话平台可以有效地促进多方利益相关者的参与和合作，增强政策的透明度和问责性，提高决策的质量和公众的满意度。这种平台是实现包容参与和可持续发展目标的重要工具。七是促进开放讨论。鼓励各方就政策和项目进行开放和诚实的讨论。促进开放讨论是实现有效治理和增强政策合法性的重要环节。在包容参与框架下，鼓励各方就政策和项目进行开放和诚实的讨论可以带来多方面的好处。开放讨论要求政府和决策者对公众透明地分享信息和数据。这种透明度有助于建立公众对政府工作的信任，减少腐败和不当行为的空间，确保政策制定过程的公正性。开放讨论鼓励公民参与政策制定过程，无论是通过公共听证会、在线论坛还是社区会议。这种参与不仅使政策更具包容性，也使政策更具民主性，因为它允许不同声音和观点被听取和考虑。当各方能够就政策和项目进行开放和诚实的讨论时，决策者可以从更广泛的知识和经验中汲取智慧。这种多元视角有助于识别潜在问题，发现创新解决方案，从而提高政策的质量和有效性。开放讨论有助于政策获得更广泛的社会支持。当公众感觉自己的意见被听取和尊重时，他们更有可能支持最终的决策。这种支持和接受度是政策成功实施的关键。开放讨论为解决冲突和建立共识提供了平台。通过对话，不同利益相关者可以相互理解各方的立场和需求，寻找共同点，从而达成一致意见或妥协方案。开放讨论不但限于政策制定的初期阶段，而是一个持续的过程。随着新信息的出现和社会环境的变化，持续的对话有助于政策及时调整和改进，确保政策保持相关性和适应性。开放讨论鼓励公民积极参与社会事务，增强他们的责任感和归属感。当公民参与政策讨论时，他们更有可能对政策结果负责，并积极参与政策的实施和监督。

（三）包容参与以合作为执行策略

合作是在分权和协商基础上的执行策略，它涉及不同利益相关者共同参与问题的解决。首先是确定共同目标，明确各方共同努力的目标和期望成果。确定共同目标是协商和合作过程中的关键步骤，它有助于确保所有参与方朝着相同的方向努力，并为整个决策和实施过程提供清晰的方向。确定共同目标有以下几个方面的关键步骤值得引起人们的高度重视和关注。一是理解各方利益和需求。在确定共同目标之前，需要深入了解各方的利益、需求和期望，这通常通过研究、调查和初步讨论来实现。了解各方的立场有助于找到一个能够满足大多数人需求的共同目标。二是建立共享愿景。共享愿景是指所有参与方都能认同的长远目标和期望成果。这个愿景应当足够宽泛，以包含不同利益相关者的目标，同时又足够具体，以便于制订行动计划和衡量进展。三是促进开放和包容的讨论。为了确定共同目标，需要打造开放和包容的讨论环境。这意味着鼓励所有参与方表达自己的观点，无论他们的地位、影响力或意见如何。通过这种讨论，可以发现共同点和潜在的合作机会。四是寻求妥协和平衡。在多方利益相关者的情况下，可能需要寻求妥协和平衡。这可能涉及对某些目标或期望进行调整，以确保它们对所有参与方都是可接受的。妥协和平衡有助于建立一个稳固的合作基础。五是制订明确的行动计划。一旦确定了共同目标，就需要制订一个明确的行动计划，包括具体的步骤、责任分配和时间表。这个计划应当清晰地阐述如何实现共同目标，以及如何跟踪进展和评估成果。六是定期监测和评估。确定共同目标后，需要定期监测和评估进展情况。这有助于确保项目或政策仍然符合共同目标，并在必要时进行调整。监测和评估也有助于提高透明度和问责性。七是庆祝和认可成就。当共同目标得到实现时，应当庆祝和认可所有参与方的贡献。这有助于巩固合作关系，并为未来的合作奠定积极的基础。通过上述方式，确定共同目标不仅有助于确保所有参与方的努力是协调一致的，还能够提高项目或政策的成功率。这种合作和协商的过程有助于建立一个更加有效和可持续的治理结构。

其次，在合作过程中，分配角色和责任非常重要。根据各方的能力和资源分配具体的角色和责任。在任何合作项目或治理过程中，明确分配角色和责任是确保成功执行和实现共同目标的关键。这不仅有助于提高效率和透明度，还能够确保每个参与方都能在其能力范围内作出贡献，并对其行为负责。

分配角色和责任包括以下几个方面的关键因素。一是评估能力和资源。在分配角色和责任之前，首先需要对各方的能力和资源进行全面评估。这包括了解各方的专业技能、财务状况、人力资源、技术设备等。评估的目的是确保分配的任务与各方的实际能力相匹配。二是确定明确的角色。明确的角色定义有助于减少混淆和重叠。每个参与方的角色应当被清晰地定义，包括他们的主要职责、任务和期望成果。角色的明确化有助于各方了解自己在项目中的位置和作用。三是分配责任。与角色相伴随的是责任的分配。这意味着每个参与方都需要对其承担的任务和达成的目标负责。责任的分配应当公平且具有可操作性,确保各方能够在规定的时间内完成其分内的工作。四是建立协调和沟通机制。有效的协调和沟通机制对于确保各方协同工作至关重要。这可能包括定期的会议、报告系统和信息共享平台。通过这些机制,各方可以及时交流进展情况、解决问题并提供支持。五是监督和问责。分配角色和责任的同时,需要建立监督和问责制度。这包括定期检查进度、评估成果和处理违约行为。问责制度有助于确保各方履行其责任,并在必要时进行调整和改进。六是灵活性和适应性。在项目进行或治理过程中,可能会出现预料之外的情况。因此,分配角色和责任时需要保持一定的灵活性和适应性,以便根据实际情况进行调整。这有助于应对变化和挑战,确保项目的顺利进行。七是认可和奖励。对于成功完成任务和履行责任的参与方,应当给予认可和奖励。这不仅能够激励各方继续努力,还能够增强团队的凝聚力和合作精神。如此,分配角色和责任可以确保合作项目或治理过程的高效和有效。这种分配应当基于公平和能力的原则,同时考虑到各方的需求和期望。通过明确的角色定义、责任分配、协调沟通、监督问责以及灵活性和适应性的保障,各方可以协同工作,共同实现既定的目标。

在合作过程中,共享资源和成果非常关键。确保资源得到合理分配,成果共享,以增强各方的参与感和归属感。共享资源和成果是合作项目和集体行动中的一个重要原则,它强调在所有参与方之间公平地分配资源和分享成功带来的利益。这种做法有助于增强各方的参与感和归属感,从而促进合作的持续性和成功。

再次,合作过程中需要注意共享资源和成果有以下几个方面关键因素。一是公平的资源分配。在项目开始时,应当基于各方的需求、贡献和能力分配资源。这可能包括财务资源、人力、技术、设备等。公平的资源分配确保所有参与方都能获得执行其角色所需的资源,从而避免资源的不平等分配导致的不满和冲突。二是透明的资源管理。资源的管理和使用应当是透明的,所有参与方都能够了解资源的流向和使用情况。透明的资源管理有助于建立信任,确保资源得到有效利用,并防止滥用和腐败。三是成果共享的机制。合作项目的成功往往带来各种形式的成果,如知识、技术、产品或利润。建立成果共享的机制意味着这些成果应当按照事先约定的方式在所有参与方之间进行分配。这种机制应当公平、合理,并能够激励各方继续参与合作。四是增强参与感和归属感。当各方感觉到他们在资源分配和成果分享中有公平的一席之地时,他们的参与感和归属感会得到增强。这种感觉是合作成功的关键因素,因为它能够促进各方的积极投入和长期承诺。五是持续的沟通和反馈。为了确保资源和成果的共享得到有效执行,持续的沟通和反馈是必不可少的。这包括定期的进度报告、成果展示和反馈收集。通过这些活动,各方可以了解项目的整体进展,并就资源和成果的分配提出建议和意见。六是应对挑战和冲突。在资源共享和成果分享的过程中,可能会出现挑战和冲突。有效的应对机制包括调解、协商和第三方仲裁。这些机制有助于解决分歧,确保合作的持续性。七是持续的评估和改进。资源和成果的共享应当是一个持续的过程,随着项目的发展和外部环境的变化,可能需要对分配机制进行评估和改进。这种灵活性有助于确保资源和成果的共享始终符合各方的需求和期望。共享资源和成果不仅能够增强各方的参与感和归属感,还能够促进合作的公平性和可持续性。这种做法有助于建立一个更加和谐、有效和有活力的合作环境,从而实现共同的目标和愿景。

在合作过程中,包容参与的持续发展显得尤其重要。在分权、协商和合作的基础上,包容参与需要持续的努力和发展,以确保其有效性。定期监测和评估政策和项目的执行情况,确保它们符合包容参与的原则。监测和评估是包容参与中至关重要的环节,它们确保政策和项目能够有效地实施,并符合既定的目标和原则。这一过程涉及对项目进展的持续观察、分析和反馈,以便及时调整策略、提高透明度和促进责任性。

监测和评估在包容参与中的作用和重要性有以下几个关键的因素与变量。一是设定明确的监测和评估指标。在项目开始时,需要设定一系列明确的监测和评估指标,这些指标应当与项目的目标和预期成果紧密相关。这些指标可以包括定量数据(如投资额、就业人数、减排量)和定性数据(如满意度、参与度、影响力)。二是建立有效的数据收集和分析系统。为了监测和评估项目的执行情况,需要建立一个有效的数据收集和分析系统。这包括确定数据来源、收集方法、存储和处理程序。系统应当能够提供准确、及时和可靠的数据,以便进行有效的分析和决策。三是定期进行项目审查和进度报告。定期的项目审查和进度报告有助于跟踪项目的进展,识别问题和挑战,并提供改进的机会。这些报告应当向所有利益相关者公开,以确保透明度和问责性。四是鼓励利益相关者的参与和反馈。在监测和评估过程中,应当鼓励利益相关者的参与。这包括邀请他们提供反馈、分享经验和提出建议。利益相关者的参与可以增加评估的全面性和有效性,同时增强他们的归属感和满意度。五是采用第三方评估和审计。为了确保客观性和公正性,可以采用第三方评估和审计。独立的评估机构或审计师可以提供关于项目执行情况的外部观点和专业意见,有助于发现潜在的问题和提出改进建议,如表1-2所示。

表1-2 社会组织第三方评估:透明公允的"全面体检"

2018年10月上海举行首次进博会前夕,为进一步保障展会期间的食品安全,上海市食品药品监督管理局委托华米参与餐饮环节食品安全风险隐患排查整治工作,开展重点酒店、商圈、旅游景点区域的餐饮经营户的风险核验。

其间的核查总量约为1000家。结合食品的配送最佳距离范围,以及人员无特定目标活动的常规半径范围,对位于重点区域周边3千米左右的范围内的餐饮经营单位,由食品安全评估员持证入户核查。内容以发现、提示、纠正食安风险点为主。对象包括:证照合规、经营范围、食物储放规范、操作过程控制、餐具消洗、原材料处置等方面。

为更为高效地开展这一阶段的风险核查，华米特聘具有资质的食品安全员将向经营户出示市局出具的工作证和委托书，联络对应区域的区局联络员及监管所应知晓核查辅导工作，在遇到经营商户拒访时进行告知。

核查过程中，对于高风险点位当日汇总并及时上传云端系统，供监管人员第一时间了解风险点；同时，食品安全员也会在现场向经营者指出问题，并提出整改建议。核查结束后，华米向市局交付数据和综合报告，列明问题经营户的数量和对应问题，之后再根据市局部署和要求，对问题商户进行回访确认整改到位情况。

通过具有专业能力的社会第三方力量，对城市食品安全进行"全面体检"，有针对性地进行跟进措施，精简行政投入，减少管理盲区，提高管理效率。

六是及时调整和改进策略。监测和评估的结果应当用于及时调整和改进项目策略。如果发现项目偏离预定目标或存在效率问题，应当采取措施进行纠正。这种灵活性和适应性有助于确保项目的成功和可持续性。七是促进学习和知识共享。监测和评估不仅是为了项目本身的改进，也是为了促进学习和知识共享。通过分析成功案例和经验教训，可以为未来的项目和政策制定提供宝贵的参考。通过上述方式，监测和评估在包容参与中发挥着关键作用。它们有助于确保政策和项目的成功实施，同时促进透明度、责任性和持续改进。这种持续的监测和评估文化是实现有效治理和可持续发展目标的基石。

持续的学习和改进是包容参与的一个核心原则，它强调在治理过程中不断吸取经验、更新知识和提升技能。这种做法有助于确保治理活动能够适应不断变化的环境和挑战，同时提高政策的有效性和效率。

持续学习和改进有以下几个关键的方面和要素。一是形成学习文化。在治理体系中，形成一种鼓励探索、实验和创新的文化至关重要。这意味着要鼓励各方对现有的做法和策略持开放态度，愿意尝试新的方法，并从成功和失败中学习。二是促进知识共享。有效的知识共享机制能够加速学习过程。这包括建立平台和渠道,让各方能够分享他们的经验和最佳实践,如研讨会、工作坊、在线论坛和出版物等。三是评估和反思。定期的评估和反思是持续学习的重要组成部分。通过监测和评估项目的执行情况,可以识别优势和不足,从而调整策略和改进实践。四是培训和能力建设。提供持续的教育和培训机会对于提升治理能力至关重要。这包括专业技能培训、领导力发展和创新能力培养,以确保各方能够有效地应对治理挑战。五是鼓励跨部门和跨界合作。通过跨部门和跨界的合作,各方可以互相学习和借鉴不同领域的治理实践。这种合作有助于打破信息孤岛,促进创新思维和综合解决方案的产生,如表1-3所示。

表1-3 坚持学习是社会组织自我完善、自我更新的基础性工作

作为现代社会的重要组成部分,社会组织肩负着推动社会发展、服务公众和促进社会和谐的重要职责。在复杂多变的社会环境和快速发展的科技背景下,社会组织要想持续发挥其积极作用,必须不断进行自我完善和自我更新,而坚持学习正是实现这一目标的基础性工作。

1. 应对环境变化的必然需求

社会组织的外部环境充满变化和挑战。无论是政策环境、社会需求,还是科技进步,都在不断演变。这种变化要求社会组织具备足够的应变能力,而学习是提升应变能力的关键。通过持续学习,社会组织可以及时掌握最新的政策动向、社会趋势和科技发展,从而更好地适应外部环境的变化,做出及时且有效的调整①。只有通过不断地学习,社会组织才能保持前瞻性,避免因环境变化而陷入被动,进而在瞬息万变的社会中立于不败之地。

---

① 王军,曹光明,江若尘.组织即兴的形成机制研究:基于社会网络和组织学习理论[J].外国经济与管理,2016,38(02):33—48.

2. 提升专业素养和服务能力

社会组织的服务质量直接关系到其社会影响力和公信力。要提升服务质量,社会组织的成员必须具备高水平的专业素养和服务能力。而这种素养和能力的提升,离不开持续地学习。通过学习,社会组织成员可以不断更新知识体系,掌握新技术、新方法,提升专业能力。无论是管理人员还是一线工作人员,通过学习可以更好地理解和运用相关的法律法规、管理理论和服务技能,从而提供更加专业和优质的服务。特别是在社会服务、公益事业、社区发展等领域,只有通过不断学习,才能真正做到以专业服务满足公众的需求。

3. 促进组织创新与发展

创新是社会组织发展的动力源泉,而学习是创新的基础。学习不仅可以帮助社会组织吸收和借鉴外部的先进经验和优秀做法,还能够激发内部的创造力和创新思维[1]。通过学习,社会组织可以发现新的服务模式、管理方法和技术手段,从而推动组织的创新与发展。例如,在数字化时代,社会组织通过学习可以掌握信息化管理工具,提升组织的运作效率和服务能力。学习还可以推动社会组织进行制度创新、流程优化和文化建设,提升组织的综合竞争力。

4. 强化思想政治引领

社会组织不仅是服务社会的主体,也是传播正能量、引领社会风尚的重要力量。要发挥好这一作用,社会组织必须具备坚定的政治立场和正确的价值观,而这些都需要通过持续的思想政治学习来巩固和提升。通过学习习近平新时代中国特色社会主义思想等重要理论,社会组织能够增强政治判断力、政治领悟力和政治执行力,始终保持正确的政治方向。思想政治学习还可以帮助社会组织更好地理解党和国家的方针政策,将其内化为组织发展的动力和行动指南,从而在服务社会的过程中,始终保持与党中央的高度一致。

---

① 谢洪明,葛志良,王成.社会资本、组织学习与组织创新的关系研究[J].管理工程学报,2008(01):5—10.

5.构建学习型组织

坚持学习不仅是个人的事情,更是社会组织整体建设的基础。通过营造学习氛围、构建学习型组织,社会组织可以形成良好的学习机制和文化,促进全员学习、终身学习。学习型组织强调每个成员都应参与到学习中来,通过集体学习、知识分享和实践应用,推动整个组织的进步和发展。构建学习型组织,可以提升组织的凝聚力和战斗力,确保组织在发展过程中不断自我完善、自我更新,从而更好地应对未来的挑战和机遇。

6.推动自我更新与持续改进

社会组织的发展需要不断地自我更新,而学习是实现自我更新的重要手段。通过持续学习,社会组织可以不断反思和总结过去的经验教训,找到不足之处,并及时进行改进。同时,学习可以帮助社会组织不断吸纳新的理念、技术和方法,推动组织在实践中持续改进和完善①。自我更新的过程也是一个不断学习和应用的过程,通过这一过程,社会组织可以保持活力和创新力,不断适应社会的需求变化,提升自身的社会价值。

六是利用技术和创新。技术和创新是推动学习和改进的重要工具。利用数据分析、人工智能和数字平台等现代技术,可以提高治理活动的效率和透明度,同时为决策提供更准确的信息。七是鼓励适应性和灵活性。在不断变化的社会环境中,适应性和灵活性是成功治理的关键。鼓励各方保持对变化的敏感性,并能够迅速调整策略和行动计划,以应对新的挑战和机遇。八是促进持续对话和沟通。持续地对话和沟通有助于确保学习和改进的过程是包容和全面的。通过开放和诚实的讨论,各方可以共享观点、解决问题并共同探索新的治理途径。

---

① 黄六招.组织学习与双向赋能:推进社区治理现代化的有效路径——基于一个易地搬迁社区的案例研究[J].探索,2021(06):103—114.

持续地学习和改进可以显著提高治理的质量和效率。这不仅有助于解决当前的挑战,还能够为未来的可持续发展奠定坚实的基础。通过不断学习和改进,治理体系可以变得更加强大、灵活和有效,更好地服务于社会和公众的利益。

通过这一过程,分权、协商和合作不仅促进了包容参与的发展,还增强了政策的合法性、有效性和公众的参与度。这种治理模式有助于解决复杂的社会问题,促进社会的公平和可持续发展。

唯有通过包容参与,社会化治理能够更好地吸纳各方面的智慧和资源,推动多元参与、提高决策质量、促进资源整合。社会治理作为一种综合性的社会管理模式,需要充分整合各方资源和力量,以实现社会的和谐稳定和可持续发展。包容参与作为社会治理的重要理念和实践手段,对于促进民主决策、增强社会凝聚力和解决社会矛盾具有重要意义。本书旨在探讨社会治理与包容参与之间的关系,分析包容参与在社会治理中的作用以及对社会治理实践的启示,以期为推动更加有效的社会治理提供理论支持和实践指导。社会治理是指社会各方协同合作,共同参与社会管理和问题解决的过程。包容参与作为一种重要的社会治理理念,强调在社会管理中充分尊重和吸纳各方利益相关者的意见和建议,以实现更加民主、公正和有效的社会治理。

五、包容参与引领社会治理

(一)坚持党的领导,提升社会治理能力

中国共产党的领导,是提升社会治理能力的关键,是我国社会发展与社会治理的关键抓手,是实现国家治理能力现代化的主要思想领袖。2014 年政府工作报告中首次提出推进社会治理创新,并强调运用法治方式,实行多元主体共同治理。治理主体的多元化要求在社会的任何环节实施,在治理

现代化浪潮之下,社会共治愈发演变为普适性的制度工具。通过发动各方力量的参与,发挥各自社会主体的优势力量和优势资源,共同建设社会的发展,及时解决社会发展中出现的各种突发问题、社区问题等。党的十九大提出"打造共建共治共享的社会治理格局"。党的二十大提出"完善社会治理体系,健全共建共治共享的社会治理制度,提升社会治理效能,畅通和规范群众诉求表达、利益协调、权益保障通道,建设人人有责、人人尽责、人人享有的社会治理共同体"。党的二十大报告把"国家治理体系和治理能力现代化深入推进"作为未来五年我国发展的主要目标任务之一。

"基层治"关乎"天下安"。一直以来,如何切实有效加强基层社会治理、维持基层社会良性运转,都是治国理政的重点难点。中国共产党作为我国的执政党,开展社会治理是其重要社会职能。始终坚持中国共产党的领导,听党指挥,在党的领导下开展社会共治的具体项目,以全心全意为人民服务为核心,始终在行为中贯穿以人民为中心的主线,贯彻执行党的政策与方针,深入打造适合人民广泛参与的社会共治项目,与多方商家、企业、政府机关等主体合作,开拓具有普遍性的社会共治项目,共建多元参与社会共治的社会平台,为不同行业、不同类型的群体创造参与社会治理的新途径,吸引广大人民群众积极参与社会建设与社会治理,通过发挥广大群众的力量提升社会共治的能力与水平,将人民参与社会建设与人民享受社会建设紧密联系起来,使我们国家的社会建设联结成一个整体,持续推动党建引领基层社会治理创新,夯实经济社会高质量发展的运行基础。

(二)牢牢把握新质生产力,以先进技术赋能社会治理

2023 年 9 月 7 日,习近平总书记在新时代推动东北全面振兴座谈会强调:"积极培育新能源、新材料、先进制造、电子信息等战略性新兴产业,积极培育未来产业,加快形成新质生产力,增强发展新动能。"新质生产力是指在信息技术、数字经济、智能化等现代科技的推动下,形成的一种新的生产力形态。它不仅关注传统生产要素的优化配置,更强调通过科技创新和数据驱动实现生产力的质变。新质生产力的核心要素包括数字化、智能化、网络化以及以数据为基础的决策支持,深刻反映了在全球经济快速变革的背景下,生产方式、管理模式和社会治理体系的深刻变革。

新质生产力在社会经济发展中发挥了越来越重要的作用。新质生产力是高质量发展的基础。随着全球经济增长面临瓶颈,传统的经济增长方式已难以为继,推动经济向高质量发展转型成为必然选择。新质生产力通过引入先进的生产技术和管理理念,提高资源配置效率,促进创新和产业升级,从而实现经济的可持续增长。新质生产力不断推动技术创新。通过引入人工智能、大数据、云计算等新技术,企业以提高生产效率、降低运营成本,更快速地响应市场变化。科技创新不仅提高了企业的竞争力,也为整个经济体的转型升级提供了动力。新质生产力不断推动产业结构优化。新质生产力的形成促进了产业结构的优化升级。传统产业在新质生产力的推动下,向高附加值、高技术含量的方向发展,逐步向服务型和智能制造转型,提升了产业链的整体水平和竞争力。

不止于物质层面,在制度层面,新质生产力也在以颠覆性的形式重塑社会治理整体框架。让经济发展、技术进步的成果可以由全社会共享。新质生产力为社会治理提供了强有力的技术支持。立足数字化治理和智能化管理,治理主体可以更高效地整合资源、监测社会动态、分析社会需求,进而实现精准施策。例如,通过大数据分析,政府能够提前预测和识别社会问题,从而进行及时干预,提升治理的响应速度和效率。新质生产力强调数据驱动的决策过程,为公众参与社会治理提供了便利。借助信息技术,公众能够通过各类平台主动参与政策讨论和社会监督,促进治理的透明度和公正性。这种参与不仅提升了社会治理的有效性,也增强公众对政府的信任感。新质生产力还在塑造社会协同治理格局。在新质生产力的背景下,社会治理的模式正向协同治理转型。各级政府、企业和社会组织通过共享数据和信息,共同参与社会问题的解决。这种多方协作的治理模式,能够有效整合各方资源,提高治理的综合效果。

新质生产力在包容治理中发挥着不可或缺的作用。在复杂的社会环境中,包容治理不仅能够提升治理效率,还能增强社会的整体凝聚力与稳定性,推动实现更高水平的社会治理。关注社交媒体、在线调查、移动应用等多种渠道,鼓励公众参与社会治理决策,收集民意反馈。包容治理强调"人人参与",使得每个社会成员都能在治理中发声。鼓励社区居民、志愿者和社会组织共同参与社会治理,通过共建共享机制,形成"政府主导、社会协同、公众参与"的治理模式,增强社区的凝聚力和自我管理能力。在治理中建立不同部门之间的协同机制,整合资源与信息,实现部门间的高效合作。通过共享数据和建立联合工作机制,消除信息孤岛,提高治理效果。鼓励社会企业、商业机构与政府共同合作,利用企业在技术创新和市场运作中的优势,推动社会治理的数字化和智能化转型。企业在治理中的参与,能够丰富治理手段,提升治理效率。

(三)多元参与社会治理,积蓄社会共治的群众力量

2022 年 10 月 25 日,党的二十大报告提出,完善社会治理体系,健全共建共治共享的社会治理制度,提升社会治理效能,畅通和规范群众诉求表达、利益协调、权益保障通道,建设人人有责、人人尽责、人人享有的社会治理共同体。2024 年 7 月 18 日,党的二十届三中全会通过的《中共中央关于进一步全面深化改革 推进中国式现代化的决定》强调:"健全社会治理体系。坚持和发展新时代'枫桥经验',健全党组织领导的自治、法治、德治相结合的城乡基层治理体系,完善共建共治共享的社会治理制度。"社会治理现代化的核心要求之一,是基层治理主体实现多元化和多元主体之间关系的有效协调。新时代中国社会治理的参与主体不再局限于政府一家。随着治理主体的多元化,公共部门与私人组织共同参与社会治理,政府不再垄断公共事务的治理权限,逐渐让更多社会主体参与进社会治理中,如企业、社会组织、志愿者、青年学生、退休老人等,不同性质的主体承担的功能各有侧

重,相辅相成,相互配合,更多的社会主体投入精力与体力共同维护社会的秩序与建设。

社会治理能力的好坏关系国家治理能力的好坏,社会治理中的社会共治是实现国家治理能力现代化的基础,国家治理能力现代化的发展必须实现全方位的社会共治。不同的社会主体共同承担社会责任,通过高效利用社会基础设施、社会保障政策、公共服务手段等方式,分担社会治理问题,合作解决复杂的社会问题,提高社会的福祉和社会幸福感。不同社会主体参与社会治理,加强了参与主体之间和合作组织之间的合作意愿、合作能力和合作行动,强化主体间互动关系的协调,从而实现治理的协同效果。与此同时,多元社会主体参与社会共治的情境下,为社会治理与社会建设积累了深厚的群众力量,适用于治理中创新的不同性质、不同情境下,治理主体之间关系互动的协调机制。

(四) 创新社会共治的途径,数据反馈社会共治效果

中国政府历来重视社会治理的精细化与参与性,社会治理的模式由粗放式转向精细化是解决社会矛盾的必然要求创新社会治理的途径是时代发展的需要。目前一些学者提出了"赋能型治理"、社区禀赋基层社会治理、数字赋能治理、党建引领社会治理等多种新型的社会治理方式,逐步打造社会治理共同体,打造共建共治共享的社会治理格局,社会共治作为社会治理的一个环节,社会共治将会鼓励更多的人参与到社会建设中,不同省市和区域将会创新社会参加的方式与途径,并且将这些方式和途径固定下来,与其他社会责任产生关联,创建一种社会参与和社会共治多重融合的社会治理方式,有利于激发人们作为主人翁的社会意识,激发参与社会事务的热情,吸引更多的群体参与社会共治,群防群治,打造更好的社会。

随着互联网技术的发展,传统社会逐渐迈入了数字社会,数字化技术赋予社会治理进一步发展,数据治理得到重视。数字化时代关注的是以信息交换能力问题取代信息生产能力问题,简言之,在以数字技术和信息塑造的

社会治理场域中,信息"交换"即信息"生产"。大数据带来的海量信息,需要交换才能实现其价值,信息交换的本质是沟通和信息价值的实现,这使得治理主体的信息交换能力具有了不可比拟的社会功能。数字技术的发展将会为社会共治带来新的建设契机,"大人来也"正是迎合这种契机,通过实践参与社会治理的具体项目,同时搭建属于自己富有特色的社会共治相关的数字技术平台软件,收集参与社会治理具体项目的志愿者、评估员等人员社会治理的相关数据,将收集到的数据量化分析,用统计学的知识分析社会共治的各因素之间的相关性与因果性,用这种方式为政府的决策提供更加科学、更加可靠的数据参考。在"互联网+"时代,公众参与社会治理的数据收集环节,本身也是为自身诉求的实现提供了机会与平台,数字技术加入社会共治,提高社会共治效果的分析整合能力,提升政府针对专门社会治理项目做出正确决策的能力,可以发现更多的社会治理影响因素,防患于未然。

(五) 精准定位市场,提供精准服务

企业作为市场经济的主体,通过肩负社会责任,精准定位市场发展与市场需求,有效开辟了自身发展的新路径。企业根据自身在市场上扮演的社会角色,针对消费者对产品某种特征或属性的重要程度,强有力地塑造出产品与众不同的、令人印象深刻的特别形象,并将这种产品生动形象地传递给消费者,从而使得该产品获得更多的消费者,逐渐在市场上收获更多的份额,从而精准定位市场,促使企业自身长久的发展。华米公司在发展自身的同时积极参与社会共治,明确自身拥有的潜在优势,利用互联网技术,准确定位自身服务社会、风险社会治理的角色,兼顾市场上隐形劳动者就业的需求,搭建集就业与志愿服务于一体的志愿者招募平台,广泛招募优秀人才组成专业队伍,制定专属于不同区域的企业战略,明确平台为社会广大志愿参与社会服务的人群服务,从而为企业自身发展开拓新的发展空间的同时,配合国家政策的社会治理同步前进。

企业拥有敏锐的市场感知力,优化升级自身的业务水平,为社会提供更

加精准的产品与服务。华米公司精准定位市场的同时,将公司的更多资源和社会的资源结合起来,将两者配置到社会治理发展的重点领域和薄弱环节,不断提升社会治理的服务能力。优化群众就业环境,提升服务质量。华米公司积极配合政府进行社会治理,培养专业团队优化运营环境,为各类群体提供了全方位、高质量的就业环境,深入了解各地区的实际情况,专门定制出相应的社会就业方案,释放出更多的工作岗位,提供给劳动者更多的选择。关注青年学生的发展,将精准服务与青年发展密切联系。华米公司配合当代青年发展要求,专门定制青年参与社会治理与社会建设的具体可行的方案,开展广泛的社会志愿服务,通过大数据记录社会服务时长和社会服务的实践参与照片等,上传至相关系统,生成社会服务记录,有助于青年群体积累社会参与经验,奠定投身社会建设的精神基础,奋发图强,报效祖国。企业与政府密切合作,提供精准服务,利用社会力量践行包容治理。

(六)助力政府管理,创建有序社会

企业深入参与社会治理,彰显社会责任的同时,助力政府更加便捷化地管理。自 20 世纪 80 年代以来,一种新的公共部门管理模式在世界范围内产生,国家逐步认识到经济形势发生了变化,政府不再单独垄断社会的管理。企业作为一种特殊的法人机构,越来越深地融入了社会的建设与发展之中,政府对社会各部门的管理和服务需要企业的加入。政府健全法律法规,允许企业参加政府的管理活动中。由于企业是市场经济的重要组成部分,政府在发展过程中逐渐制定了一套完整的法律监督机制和监督机构,规范企业在市场和社会中的行为,促使更多的企业加入社会的发展与服务之中,企业在这种背景下通过与政府合作,承接政府的项目,开展便民利民服务,极大地减轻了政府管理社会、服务社会的压力。政府发挥自身协调作用的同时,开展与企业多元化合作。政府工作人员数量的有限性和社会事务的烦杂性,使得政府需要发挥社会主体的力量来优化社会管理,提升社会管理的质量,这就为政府与企业合作开辟了新的途径,政府根据自身需求,将业务

划分为不同种类,招标不同类型的企业,跟踪企业项目开展情况,利用大数据开展基础设施建设、志愿者服务、绿色行为倡导等多种业务,调动社会企业力量的同时,便于企业更好地履行自身的社会责任。华米公司正是通过与政府的良好合作,发挥自身拥有的技术优势、人力资源优势等,优化了政府的社会管理,及时向政府反馈存在的问题,政府及时去除问题的根源,保证社会的正常运转和社会秩序的稳定。

企业作为社会活动的重要参与者,通过发挥自身的社会作用,为建设和谐有序的社会贡献了力量。政府与企业是密不可分的,政府的发展关乎企业的发展,企业的发展反馈政府政策实施的效果。企业履行政府政策的同时,促进了社会秩序的稳定。企业作为政府合作的伙伴,在承接政府项目的同时,发挥着社会主体的精神与作用,在广泛募集的社会群体中积极传播社会主义核心价值观,倡导人们要承担社会主人公的责任,为社会作贡献,为社会发展献出自己的力量。企业作为遵循社会秩序的先行者,为社会发展培养了一批优秀的新时代公民。企业在自身发展的同时,为其员工制定了符合社会发展的员工守则,要求每位员工开展公司业务的同时,严格遵循章程做事,而这份章程是严格按照国家发展相关政策制定而成的,每一位企业的工作人员在工作时,都在不断践行新时代中国特色社会主义发展的核心理念,都在承担作为社会主人公的责任,都在为社会的发展添砖加瓦。以华米公司为例,华米公司满怀回馈社会的愿景,将国家的发展与自身的发展相联系,公司开展的业务与政府的业务发展相联系,协助政府管理社会的同时,维护稳定的社会秩序是其不懈的追求,用专业知识和技术手段赋能社会发展,高水平履行企业的社会责任。

(七)紧跟新时代风向,促进灵活就业

党的二十大报告明确提出,强化就业优先政策,健全就业促进机制,促进高质量充分就业。健全就业公共服务体系,完善重点群体就业支持体系,加强困难群体就业兜底帮扶。统筹城乡就业政策体系,破除妨碍劳动力、人才流动的体制和政策弊端,消除影响平等就业的不合理限制和就业歧视,使人人都有通过勤奋劳动实现自身发展的机会。企业作为社会发展的重要支柱,有责任、有义务为社会就业提供更多的机会,为不同的社会群体提供参与社会环节的机会,就业是直接参与社会的途径与方式,是动员广大人民群众参与社会建设与社会治理的关键步骤,在加速推进中国式现代化的过程中,数字经济对于促进就业增长发挥着越来越重要的作用。企业在发展过程中创新业态,稳保劳动者的收支体系,降低劳动者的就业风险,这是新时代中国特色社会主义发展赋予的要求。

企业积极响应国家的号召,创新社会就业方式,为劳动者提供更多的社会就业岗位,适合多种群体灵活就业。华米公司通过参与社会治理的方式,研发出新的社会参与途径,创造出新的社会参与机会,创建了更多的社会就业岗位数量和就业类型,使得人民群众共同参与社会建设与社会治理,在中国共产党和国家的领导与指挥下,共享社会治理的结果。如华米公司创造出调研员等这类就业群体,线上安排好调研员的工作时间与工作内容,促使人们深入参与到基层社会治理中去。同时,开发利用老年人力资源以延长人口红利期,成为积极应对人口老龄化的新态势,充分调动社会闲置人力资源,缓解社会失业情况。华米公司搭建了良好的社会召集平台,动员了更多的社会闲置人力资源,发挥了尚有精力的退休老年人群体的力量,为他们提供参与社会建设的渠道,优化了老年人资源,畅通了老年人的就业渠道,增加了更多的社会就业岗位,进一步提升了社会的就业率,使得不同类型的人、不同年龄段的人可以到适合自己的工作岗位中,充分利用了部分社会闲置的人力资源参与社会建设,发挥人民群众的力量参与社会治理,使得人民的社会人们建设、人民建设的社会人民享受。

(八) 创新就业方式,共建共治共享

我国经济的发展已经转向高质量发展阶段,内在要求是实现高质量就业,促进高质量发展是深化经济结构调整、跨越中等收入陷阱的关键途径,

也是解决当前就业总量问题和结构性矛盾的重要抓手①。高质量发展要求企业进行高质量规划，释放更多的社会就业机会，将企业自身的发展与高质量就业的协同治理联系起来。新时代，志愿服务的建设是推进国家治理能力现代化和构建现代化治理体系的重要战略步骤。通过志愿服务的方式创新社会就业的方式，创建"志愿者＋（工作类型）"的新型工作岗位，给予社会大众参与社会新的方式，将技术成果转化为现实成果，创造出"技术＋工作"的新型就业方式，搭配社会治理，提高人民参与度的同时，提升社会治理效能。

随着时代的发展，人们参与社会治理的成果转化为社会建设的内在动力，共建共治共享进一步促进了社会的建设与发展。在时代呼吁大众参与志愿者活动的背景下，不少的高校、社区提倡参与志愿活动，并将参与志愿活动纳入青年学生日常生活教育的范畴，为志愿者活动的开展积累深厚的人力资源。与此同时，通过为专门志愿活动招募的调研员提供了相应的薪酬补贴机制，使人们可以充分利用闲暇时间，获得新的工作机会，增加日常收入。随着社会治理的进一步发展，广深等地拥有较为成熟的市场经济和城市转型升级发展的需要，需要大量的志愿者活动辅助社会治理，华米公司顺应社会发展与社会治理的现实需要，与政府进行合作，依托志愿者服务项目，广泛招募有时间、有精力、身体健康的志愿者。同时，与不同类型的企业、社区、街道等合作，精细化志愿活动环节，前期筹划志愿者活动的开展，后期追踪志愿者活动开展的情况，收集志愿者活动的有效数据，接受社会治理的现实问题，并反馈给政府相关部门及时解决，使得人民参与社会治理，政府接受治理信号，打造共建共治共享的社会、社区发展环境。

---

① 林聚任.多维协同治理助力更充分更高质量就业——评《高质量就业的动态评价与协同治理》[J].济南大学学报（社会科学版），2023,33(01):177.

六、未来趋势：以数字化推进包容参与、协作共治

（一）以数字化参与社会治理有挑战

1. 数字鸿沟下数字治理失效的挑战

这是现代社会在快速数字化进程中面临的一个重大问题。随着信息技术的广泛应用，数字化为社会带来了巨大的便利和发展机遇，但同时加剧了不同社会群体之间的数字鸿沟。这种鸿沟不仅体现在技术的获取和使用上，还影响到社会治理的有效性。

其中最明显的表现就是数字资源的分配不均。发达地区和发达国家通常拥有更好的信息基础设施、更高的互联网普及率以及更强的技术能力，而欠发达地区和发展中国家的数字资源则相对匮乏。这种不平等导致了一些群体无法享受数字化带来的便利，进一步加剧了社会的不平等。在数字治理中，政府和社会组织往往依赖数字平台进行政策制定、信息传播和公共服务。然而，数字资源分配的不平等使得一些群体无法参与其中，导致他们的诉求被忽视或边缘化，治理的公平性和覆盖面受到严重限制。

此外，数字鸿沟不仅是物质资源的缺乏，还包括数字技能的差异。即使是拥有互联网接入设备的群体，如果缺乏必要的数字技能，仍然难以有效参与数字社会治理。这种技能差异使得一些人无法获取或理解数字信息，限制了他们在数字治理中的参与度。数字治理的有效性依赖于公众的广泛参与和互动。但当一部分群体缺乏必要的数字技能时，他们便无法充分理解政策信息、表达诉求或参与公共决策，这会让数字治理效果大打折扣。缺乏数字技能的人群更容易受到数字化过程中的信息不对称和虚假信息的影响，进一步削弱了数字治理的合法性和有效性。

在数字化背景下，信息是治理的重要资源。政府和社会组织通过数字平台发布政策、提供服务，并与公众互动。然而，人们获取信息的能力差异

也导致了信息的不对称。部分群体因为缺乏访问渠道或技术手段而无法及时获取关键信息,这会影响他们对政策的理解和支持。信息获取的困难和透明度的不足会导致部分群体无法参与到数字治理过程中,影响治理的公开性和透明度。信息不对称还会加剧信任危机,使公众对政府和治理机构的信任度下降,影响数字治理的有效性。

数字鸿沟带来的另一个重要挑战是技术排斥。一些群体,特别是老年人、低收入人群和边远地区的居民,会因为缺乏接入数字治理体系的终端设备或缺乏操作能力而被排除在数字社会之外。

数字鸿沟的存在也会带来信任危机。当一些群体感受到被排斥或忽视时,他们对数字治理的信任度会下降。数字治理如果无法涵盖所有社会群体,其合法性也会受到质疑。数字治理需要建立在广泛的社会信任基础上,但数字鸿沟的扩大使得部分群体感到被边缘化或忽视,从而对治理机构失去信任。此外,治理的合法性受到挑战,也会使得数字治理难以顺利推进,进一步削弱社会的凝聚力和稳定性。

数字鸿沟下的数字治理失效问题涉及多个层面,这使得数字治理难以实现其初衷的公平性和有效性,并可能加剧社会的不平等和不稳定。因此,为了应对这些挑战,政府和社会各界需要采取综合措施,缩小数字鸿沟,提升公众的数字素养,确保数字治理能够惠及所有社会群体,从而实现更加包容和可持续的社会发展。

2. 数字悬浮下偏离治理需求的挑战

数字悬浮是指在数字化进程中,政府、企业或社会组织的治理实践与社会实际需求之间出现了脱节或偏离的现象。这种现象通常发生在治理主体过度依赖技术手段,而忽视了现实中社会、文化、经济等多方面的复杂性和多样性,导致治理措施无法有效回应实际需求。数字化治理开展过程中,面临以下现实挑战。

一是技术至上主义导致的治理失衡。在数字化治理过程中,治理主体有时会过度依赖技术手段，认为技术可以解决一切问题。这种"技术至上主义"忽略了社会问题的复杂性和人性的多样性，导致治理措施在实施过程中无法真正触及社会问题的核心。当治理主体过于依赖技术手段，如大数据分析、人工智能决策等，而忽视了社会问题的多层次性和深层次需求时，治理政策会变得僵化、失去灵活性。一些决策可能完全基于数据模型，但这些模型未必能够反映基层民众的实际生活状况和真实需求，从而导致治理的失衡和偏离。

二是对数据驱动下社会需求的误读。数字化治理通常依赖大量数据进行决策和管理。然而，数据本身具有局限性，尤其是在采集、分析和解释过程中，可能会存在偏差或误读。这种情况下，治理主体可能会基于错误的数据分析结果做出错误的决策，从而偏离社会的真实需求。数据驱动的决策模型可能全面捕捉社会的真实需求，尤其是当数据缺乏全面性或反映的是表面现象时。在处理社会福利问题时，如果数据仅反映经济指标，而忽视了社会心理、文化背景等因素，治理措施就会出现偏差，无法有效解决民生问题。数据驱动的治理模式会简化复杂的社会现象，导致对问题的误解和误判，进而制定出与实际需求不符的政策。

三是人性与社会文化的治理盲区。数字化治理的一个重要特点是标准化和自动化，但这种模式容易忽略社会文化的多样性和人性的复杂性。社会文化和人性因素在治理中的作用往往是不可量化的，数字化工具可能难以捕捉这些微妙而关键的因素，从而在实际操作中形成治理盲区。在不同的文化背景下，社会成员的需求、行为模式和价值观都可能有很大差异。如果治理措施忽视了这些差异，采用"一刀切"的数字化方案，可能会引发社会抵触或政策落实难题。

四是技术隔离与社会参与之间的矛盾。数字化治理强调技术的应用，但这种技术隔离会导致公众的参与度降低，进而影响治理的民主性和公正性。当治理过程变得过于依赖技术平台或工具，而公众缺乏足够的渠道或能力参与其中时,治理需求与实际执行之间的张力就会加剧。在治理主体主要通过数字平台进行政策制定和实施,而公众由于技术门槛或信息不对称难以参与时,政策会脱离实际需求,无法有效回应基层的声音。在智慧城市的建设中,如果决策依赖于复杂的技术系统,而普通市民缺乏参与的渠道或能力,治理效果可能会大打折扣,甚至导致公众的不满和反抗。

五是技术焦虑与社会信任的危机。随着数字化治理的推进,技术焦虑成为一种普遍现象,尤其是在技术不断介入社会生活的背景下,公众会对技术的不确定性和潜在风险感到担忧。这种焦虑不仅影响公众对技术的接受度,也可能动摇他们对治理主体的信任。当公众对数字化治理的技术手段缺乏信任或产生焦虑时,他们会质疑治理的公平性和有效性。这种信任危机会削弱治理主体的权威性,导致政策实施困难,甚至引发社会公众的不安情绪。

数字悬浮下偏离治理需求的挑战主要源于技术与社会实际需求之间的脱节。这种脱节不仅会导致治理措施的失效,还可能引发更为复杂的社会问题。为了解决这些挑战,治理主体需要在推动数字化进程时保持对社会复杂性的敏感,综合考虑人性、文化、数据准确性和公众参与等多方面因素,从而确保数字化治理能够真正回应社会需求,实现治理的有效性和公正性。

数字权力下数字技术异化的挑战。这是指技术在被应用过程中偏离其初衷,变成一种压制或控制工具,甚至导致社会权力结构的失衡。这种异化现象反映出技术在权力体系中的复杂作用,尤其是在数字化治理和社会管理中,数字技术的广泛应用不仅改变了社会的运作方式,还带来了许多新的挑战。

一是技术控制与个人隐私的侵蚀。在数字权力背景下,技术往往被用作监控和控制的工具。这种趋势在数字技术的广泛应用中尤为明显,尤其是大数据、人工智能和监控技术的应用,使得个人隐私和自由受到前所未有的威胁。企业通过大数据分析、面部识别技术等手段,能够轻易获取和分析个人的行为数据、社交网络、消费习惯等信息,从而对个人生活进行深入干预。这不仅侵害了个人的隐私权,也可能导致个人自我审查和行为的被动改变,最终削弱个体的自由与自主性。

二是技术垄断与社会公平的破坏。随着数字技术的发展,少数大型科技公司通过控制技术平台和数据资源,逐渐成长为有巨量影响力的数字平台,形成了垄断地位。这种技术垄断不仅在经济层面产生巨大影响,也在社会治理和资源分配中引发了严重的公平性欠缺问题。当数字技术被少数企业垄断时,社会资源的分配可能变得更加不公平。科技巨头通过控制社交媒体、搜索引擎和电商平台,不仅掌握了大量用户数据,还能够影响信息传播的渠道和内容,从而操控公众舆论和市场竞争。这种垄断行为加剧了社会的不平等,使得弱势群体在数字时代更加被边缘化,进一步削弱了社会的整体公平性。

三是权力集中与民主参与的削弱。数字权力的集中可能导致治理过程的透明度降低,并削弱民主参与的机会。当数字技术被用作权力集中的工具,决策过程可能变得更加封闭,公众的参与空间受到压缩。在数字权力高度集中的背景下,公众难以接触到决策过程的关键信息,导致参与度下降。公众的诉求可能被忽视,治理过程中的公正性和合法性受到质疑。

四是算法偏见与社会不公的扩散。数字技术,尤其是基于人工智能的算法,在决策支持系统中得到了广泛应用。然而,算法本身并非中立,往往会反映出其设计者的偏见或数据来源的不公,导致社会不公现象的扩散。当数字技术中的算法带有偏见时,其应用可能加剧社会的不平等。基于数据训练的算法在招聘、贷款审批、法律判决等方面的应用中,可能会因为数据偏差而对某些群体造成系统性歧视。这种算法偏见不仅难以被普通公众察觉,还可能在长期应用中固化社会不公,使得原本存在的社会不平等问题进一步恶化。

数字权力下数字技术异化的挑战反映了数字技术在应用过程中可能产

生的负面效应,提醒人们在推动数字化进程时,必须谨慎对待技术的异化问题,确保技术应用始终以促进社会公平、尊重个人权利和增强民主参与为核心目标。只有这样,数字技术才能真正成为推动社会进步和改善人类生活的积极力量。

(二)数字包容理论中的机制挑战

"技术赋能"和"技术赋权"双重机制的不健全对利益共同体建设的削弱,是当前数字化进程中一个关键的治理痛点。在信息技术日益渗透到社会各个层面的背景下,技术赋能和技术赋权本应协同作用,推动利益共同体的健康发展。然而,由于机制的不健全,这两者之间的失衡或缺失可能导致利益共同体的建设和维护面临严峻挑战。

要探讨这一问题,首先要回答,技术赋能与技术赋权的定义与意义是什么?技术赋能指的是通过技术手段提升个体或群体的能力,使其能够更有效地参与经济活动、社会生活和政治过程。技术赋能通常表现为提高生产效率、增强信息获取能力、扩大社交网络和改善决策质量等方面。相对应的,技术赋权则是通过技术手段分配和扩展权力,使个体或群体在社会、经济或政治结构中拥有更多的决策权和控制权。技术赋权关注的是如何通过技术手段打破权力垄断,促进公平参与和权利保障。技术赋能和技术赋权应该共同作用,既提升人们的能力,又保障他们能够平等地行使这些能力。然而,当双重机制不健全时,这种协同效应可能无法实现,从而削弱利益共同体的建设。

然而,当技术赋能机制不健全时,尽管个体或群体可能获得了新的工具和资源,但这些能力未必能够转化为有效的行动或参与,导致利益共同体的建设受阻。一是数字能力鸿沟。技术赋能往往依赖于受众的数字素养和技术使用能力。当技术赋能的机制不健全,某些群体可能因缺乏必要的技能或资源而无法充分利用技术。这种能力差距不仅会加剧现有的社会不平等,还会导致利益共同体内部的分化。例如,低收入人群、老年人或教育水平较低的群体可能难以通过技术赋能实现自我提升，从而在共同体中处于边缘地位。二是技术依赖与自主性的削弱。技术赋能如果过度依赖特定的技术工具或平台，可能反而削弱个体的自主性和创新能力。当前有诸多教育技术平台，虽然提升了学习效率，但过度依赖这些平台可能使学生丧失自主学习的能力，依赖于平台提供的内容而不是自主探究和创新。长期来看，这种依赖性会削弱利益共同体内部的创造力和活力。三是赋能不均与资源分配失衡。技术赋能在不同群体之间的不均衡分布，可能导致资源分配的失衡。一些发达地区或技术先进的社区能够通过技术赋能获得更多的资源和机会，而欠发达地区或困难群体则可能因为技术赋能机制不完善，进一步落后于主流社会。这种资源和机会的分配不均会削弱利益共同体的整体凝聚力，导致内部不平等的加剧。

技术赋权机制的不健全意味着，即使个体或群体通过技术赋能获得了新的能力，他们在权力结构中仍然可能处于弱势地位，无法平等地行使这些能力，进而影响利益共同体的建设。这便是数字视域下的权力集中与参与不平等。技术赋权本应分散权力，赋予个体和群体更多的决策权和控制权。但当赋权机制不健全时，技术可能导致权力的进一步集中，而不是分散。大型科技公司通过控制技术平台和数据资源，可能在利益共同体中获得不成比例的影响力和控制力，而普通成员的参与和发声机会则被削弱。这种权力的集中化会导致决策过程不透明，公共利益得不到充分保障。此外，技术赋权机制的不健全，还会造成虚假赋权与权力空转。在某些情况下，技术赋权可能表现为一种"虚假赋权"，即表面上赋予个体或群体更多的权力，但实际上这些权力无法转化为实质性的影响力或决策权。某些数字平台虽然提供了参与政治讨论的渠道，但这些讨论并不真正影响决策过程，或是被算法和平台规则所操控，导致参与者的权力空转，难以对共同体建设产生实质性作用。还有赋权工具的技术壁垒。技术赋权往往需要复杂的工具和平台支持，但这些工具和平台本身可能存在技术壁垒，限制了某些群体的使用。例如,区块链技术被视为赋权的创新工具,但其高门槛的技术要求使得普通用户难以参与,从而导致实际赋权的效果大打折扣。这样的技术壁垒使得赋权成为少数人的特权,而不是广泛的社会参与,削弱了利益共同体的普惠性和包容性。

技术赋能和技术赋权双重机制的不健全会产生累积效应,削弱利益共同体的建设。这种影响体现在三个方面。一是共同体凝聚力的削弱:当技术赋能和赋权机制不健全时,利益共同体的成员之间会产生能力和权力的不平等,导致共同体内部的分化和对立。这种分化不仅破坏了共同体的凝聚力,还可能引发内部冲突,削弱共同体的稳定性和发展潜力。二是社会信任的流失。技术赋能和赋权机制的不健全会导致共同体成员对技术和治理体系的信任下降。当人们感到自己无法从技术进步中获益,或是认为赋权只是表面功夫时,社会信任会受到严重打击。这种信任危机不仅削弱了共同体内部的合作精神,还可能引发对治理机构和技术提供者的抵制和不满。三是共同体目标的偏离。技术赋能和赋权的初衷是推动利益共同体的公平发展和共同利益的实现。但当双重机制不健全时,技术应用可能偏离这一目标,变成少数人牟取私利的工具,导致共同体的发展方向偏离初衷,无法实现真正的共同繁荣。

技术赋能和技术赋权双重机制的不健全,对利益共同体的建设构成了多方面的挑战。需要在技术推广过程中注重公平性和包容性,确保赋能和赋权的机制能够真正覆盖所有群体,推动共同体内部的平等参与和权利共享。只有这样,才能实现技术进步带来的真正普惠效应,促进利益共同体的健康发展和持续繁荣。

(三)数字化的包容参与的期待

随着数字经济的快速发展,社会治理也要与时俱进。要以技术赋能,实现社会各方共治共享。数字化包容参与的未来,将紧密结合这一政策导向,通过持续的科技创新和数字化转型,助力社会协同治理的进一步优化。基于对包容参与相关性研究等相关文献的系统归纳和总结发现,嵌入数字化的包容参与相关议题,已成国内外学术界持续研究的热点主题,就本书涉及的数字政府和包容参与两个主题而言,相关实践和学术研究从理论基础、指导原则、方法和技术工具多方面为本书提供了启示和借鉴,但已有研究仍存在进一步发展的空间。

数字治理的实践内容有待进一步深化。随着数字治理建设的不断推进,与之相关的概念术语和理论观点不断涌现。上述文献综述从数字治理的发展历史、基础理论和实践研究系统呈现了数字治理的研究概况,为本书理解数字治理的理论内涵和实践进展奠定理论基础,但数字排斥现象的客观存在表明,数字治理亟须构建起一套能够解决数字排斥问题的治理逻辑和治理体系。而既有研究聚焦于信息基础设施的接入与普及、数字技能培训等表征问题的解决,事实上,数字排斥绝不仅是一个技术问题,更是一个社会问题。因此,如何将数字排斥问题置于数字治理实践情境中去认识并探索其解决之道值得深入研究。

包容参与的实践场域有待进一步拓展。学者对于包容参与的理论研究极大地推动了我国包容参与实践的发展。包容参与理论被广泛运用于公共服务、社会治理、城市治理、社区治理、乡村治理等场域中,形成了一系列研究成果。不少学者将包容参与范式视为数字政府应对数字时代价值风险和挑战的一种可行的治理方案,上述学术观点的提出基本上确立了数字政府与包容参与的关联,同时也为本书奠定了理论基础。但是将包容参与这一治理范式运用于治理领域的既有实践较少,且呈碎片化状态,因此,数字时代的包容参与研究场域仍有待进一步拓展。

数字治理与包容参与的实践体系有待进一步构建。数字治理与包容参与作为现代治理实践流行的价值取向、发展诉求和治理范式,被不少学者视为当前数字治理回应数字排斥现实难题的一种可行治理方案。已有研究初步从理论层面探讨了数字治理与包容参与何以应对因技术、平台、算法和数据在数字治理领域的运用而带来的价值挑战与风险,这些研究的积累为本书的开展奠定扎实的理论基础,但现有数字治理与包容参与的实践案例较为碎片化,已有实践聚焦于数字包容、包容性数字服务以及包容参与对于数字治理的重要性阐释等方面,多数组织囿于数字治理包容参与的某一方面,缺乏对数字治理包容参与整体性理论体系开展综合实践,仍需进一步进行系统性和全景式的实践整合。

第二章 实证调研在社会治理中的角色和价值

正如前章中所提及的,企业参与多主体治理具有独特优势。本章将着重探讨华米公司在以实证调研为基本服务模式的实践过程中,其在社会治理中所承担的角色和价值。此外,本章也将介绍实证调研在共享共治共享愿景中所能发挥的作用,希望给参与相关职能的读者提供一些思路。

实证调研是社会科学、自然科学和商业分析等各个学科中常用的重要研究方法,关键特点是强调客观性和可靠性。在学术应用中,需要研究人员通过仔细地研究设计、抽样技术、系统数据收集方法和统计分析,确保数据的真实准确。实证调研具有重视观察和实验,着重数据驱动作为证据的特点,收集的数据可以是定量的(数值型)或定性的(非数值型),取决于研究问题的实际需求。对研究者来说,实证调研结果是一种理解现实世界,解决问题的决策依据,其结果可以进一步纳入其他研究设计中。对政务部门和企业来说,实证调研是一种优秀的工作方法,无论是做提前规划,还是在面对具体问题时,都可在事前、事中、事后起到科学决策,常态管理和系统复盘的作用。对实践者来说,实证调研让他们准确识别和理解社会治理中存在的问题及其原因。评估潜在风险,帮助他们提前规划和准备应对策略。提供基于数据的洞察,帮助他们做出更加科学的决策。提供全局信息,帮助他们更合理地分配资源,提高资源使用的效率和效果。

华米的实证调研有自身独特的优势,对社会治理的研究者与实践者都大有裨益。第一个优势在于客观性。实证调研的关键在于其对客观性和可靠性的强调,客观性为研究者提供了一种严谨的科学方法论,确保研究结果的真实性和有效性。对于实践者而言,这种客观性是制定政策和管理措施的基础。华米的实证调研从研究设计、抽样、数据收集和分析的各个环节都遵循一套标准化的研究流程,这些流程都经过了学术界和专业领域验证,有助于减少主观偏差;第二个优势在于综合性。现实世界的问题往往不是孤立存在的,往往可能涉及经济、社会、心理、技术等多个学科的要素。华米的实证调研深入现实世界的具体问题,广泛应用社会科学、自然科学和商业分析等多个学科,展现了良好的通用性和适应性。研究者可以根据自己的研究领域采用合适的实证调研方法,而实践者也能应用这些方法解决具体的治理问题;第三个优势在于科学性。华米的实证调研要求研究者通过仔细的研究设计、抽样技术、系统的数据收集方法和统计分析来确保数据的真实准确。这为研究者提供了一套标准化的操作流程,同时也为实践者提供了一种系统性解决问题的途径。实证调研重视观察和实验,以数据驱动作为证据。无论是定量数据还是定性数据,都为研究者和实践者提供了深入理解问题和现象的视角。

因此,华米模式下的实证调研无疑在社会治理中扮演重要的角色,其价值体现在多个层面。华米以科学严谨之模式,为社会治理提供了可靠的决策依据。全面综合多学科、多要素、多维度内容,使其能够全面地分析和解决跨领域的社会问题,有效提升治理策略的适应性。以锐意创新之精神,寻求大数据和人工智能赋能,提高数据处理的能力,使得社会治理更加智能化和精准化。此外,华米的实证调研促进政府、企业、社会组织和公众之间的互动与合作,依托调研平台广泛收集民意,双向增强政策的透明度和公众参与度,推动社会治理的民主化进程,展现一家富于社会责任感的社会企业在推动社会进步、提升治理效能方面的责任担当。

一、实证调研的服务对象：监管部门和连锁企业

并非只有学界才是实证调研的使用者，在华米公司的服务经验中，两类主要用户群体为：监管部门和连锁企业。因此，在讨论华米实证调研服务模式的深度与广度时，首先要聚焦于这两大核心用户群。他们虽然在职能和目标上各有侧重，但都共同面临着在复杂多变的社会经济环境中寻求有效管理与运营策略的挑战。监管部门作为公共利益的守护者，承担着监管市场、保障民生、维护秩序的重要职责。连锁企业作为市场经济的活跃参与者，追求品牌扩张、服务标准化和市场竞争力的提升。在这一背景下，华米实证调研不仅是一种数据收集与分析的工具，更是一座连接不同社会主体、促进信息共享、增强决策透明度的桥梁。对监管部门和连锁企业在实证调研中的不同需求与应用场景进行深入剖析，可以更清晰地认识到实证调研在社会治理中的重要角色。监管部门利用实证调研来优化政策制定、提高监管效能、加强风险管理。连锁企业则通过实证调研来洞察市场动态、提升服务质量、增强顾客满意度。华米的实证调研服务，以其客观性、可靠性和综合性，为这两类用户提供了强有力的支持，帮助他们在各自的领域内实现更加精准和高效的治理与运营。

（一）化解一对多的治理困境

这两个角色看似是"管与被管"的关系，却有着一个共性，即一个总部面对多个（甚至很多）管理对象。例如，一个辖区的市场监管部门，仅针对食品安全一项，就需要面对从数百到数万不等的直接管理对象，业态丰富多样，大型连锁餐厅、夜市摊档、外卖厨房、活动类集市、学校食堂等。尽管有较为完整的法律法条作为治理依据，管理部门也摸索出包括智慧监管在内的务实的信息获取方法，但仍然面临管理对象动态变化、主体责任落实不到位、监管人员人手缺乏、信息系统实施成本高、法律法条滞后于行业发展等

挑战。

　　既要持续营造良好的营商环境,又要最大限度地减少监管盲区,就有必要在调研这项治理基本功上发力。随着时代的变化,创新调研方法成为放在管理者面前的新功课。

　　在华米服务的政务项目中,基于其业务模式的限定,底层逻辑都是"通过群众/消费者对管理对象进行评价,并提供实证素材作为支撑,确保评价的真实性和合理性"。其应用工具为一款调研评价数字软件,以文本、图片、音视频等数据文件上传,由审核人员判定信息质量,纳入数据库,以便对不同项目、不同时期、不同对象、不同专项的数据做长期研究。多年来,华米服务已经被实际应用在以下场景:

　　• 通过平台招募、认证、培训且注册后的非专职审核员(以下简称"审核员"),对某市数万家小餐饮经营者进行食品安全合规宣教引导,并确认现场能出示有效证照且符合经营范围;

　　• 通过审核员,确认某区所有更新的食品安全公示栏是否已按期更换完毕,确保经费使用到位;

　　• 通过审核员,确认某市"明厨亮灶"改建是否按期按要求升级完毕,并记录经营者对硬件改建和施工过程的诉求;

　　• 通过审核员,对某市文化和旅游经营单位的安全生产点位制度落实情况进行定期记录,及时发现安全隐患;

　　• 通过审核员,对某区税务智慧升级后,区内企业的知晓度、满意度和诉求进行了解,及时优化税务工作,响应办税人需求;

　　• 通过审核员,对某市公共厕所改建和日常运营情况进行评价,及时补缺,监督经费落实效能。

　　以上为部分应用场景,可见其核心均在于采用了现场实证调研的方法,获得第一手素材。结合项目实施成本,这些实证调研或通过全覆盖,或通过抽样方法,委托给仅适用于短期项目的非全职雇佣人员进行。所获得的信息除了用于了解、分析以外,也在风险管控中起到了重要作用。当监管人员需要进一步执法时,他们也往往可以凭借已获得的实证素材,如照片、视频等,作为证据参考,提升精准执法的可能性,降低行政成本。

以上介绍的是政务管理部门的应用情况,另一个重要用户——连锁企业,与政务管理也有着类似的诉求。

(二)与消费者建立良性互动

连锁企业以标准化模式运营多店铺,除了基本的合规要求外,还需要确保店铺执行公司标准。已有的管理方式包括了企业培训、标准操作手册(Standard Operating Procedure,简称SOP)、云监控视频、员工线上学习与考核、总部督导、专业第三方业务辅助、顾客满意度调查、神秘顾客调查、社交媒体与评价网站舆情研究等。由于各类企业的能力不同,面对的市场客观条件不同,很难有放之四海而皆准的最佳管理方法。据观察,行业的管理风潮亦有周期化的特点,时而做加法,时而做减法,时而标准化,时而个性化。但万变不离其宗的是,服务业始终坚持提升顾客感知度与满意度,并据此作为决策调整的重要参考因素。

连锁企业之所以在已有充分工具的前提下进一步纳入华米的实证调研作为管理手段,核心是理解到该方法具有"与消费者建立良性互动"的优势。消费者参与企业管理,就能从一个单纯的旁观者变成共建者,除了分担一部分企业内部的督导职能以外,还有助于培养他们成为企业的忠诚顾客,对企业服务过程中的缺点也提高了容忍度。此外,由于是内部封闭式的委托调研,也避免了大众社交媒体载体上可能出现的"水军""刷单""恶意差评""竞争排名"等营销负担,避免被虚假数据误导。

对于连锁企业来说,一个常见的应用场景是,消费者领取了企业发布的现场调研任务,在规定时间段内,前往任务指定的店铺,作为真实消费者体验全流程,在体验后填写问卷,上传报告。报告经由审核确认其有效性后,消费者在线领取约定的酬劳。通常,一个注册用户在一段时间内能够领取的任务是有限的,获取的酬劳也不足以支撑其以此为专职营生。一旦报告出现真实性问题或质量不达标,甚至会出现无法获取酬劳,以及无法再接单的情况,通过一系列规则设定,保障体验报告的客观有效。

在一份调研问卷中,企业通常会设计几个维度的内容:对产品、服务、环境等的标准评价;对该企业的优化诉求;对顾客消费偏好的了解等。随着应用的深入,企业通常将实证调研用于解决以下几类需求:

- 店铺日常服务考核评价及员工绩效评价;
- 新店及节假日特殊时期的服务压力测试;
- 新品上市反馈测评;
- 薄弱店铺、薄弱环节的专项测评;
- 店铺选址预调查;
- 店铺外观设计、进店氛围感知测评;
- 目标消费者行为偏好、消费习惯调查;
- 同类产品感受比较调查;
- 产品定价、产品设计喜好调查;
- 总部经费拨付后的硬件配套实施调查;
- 供应商合规调查。

总之,以顾客参与的实证调研为方法,企业灵活按需、灵活开展调研设计,分阶段、分项目保障企业的决策科学性、合理性,评价投入产出比,为运营和优化提供数据依据。

二、实证调研的方法:数字化与规范化

华米实证调研的研究方法体现了一种综合运用多种科学手段和技术工具的严谨态度。这种方法论以标准化和系统化为特点,确保研究过程中数据收集、处理和分析的每个环节都能够达到高度的客观性、可靠性和综合

性。通过对研究设计、样本选择、数据收集、质量控制、统计分析等关键步骤的精心规划和执行,华米不仅提高研究的准确性和有效性,而且增强研究结果的普遍性和适用性。这种实证调研方法论的实施,为社会治理、政策制定和决策支持提供了坚实的数据基础和深入的洞察,展现了华米在社会科学研究领域的专业性和创新能力。华米实证调研的研究方法是基于一系列标准化、科学化的步骤来开展的,确保研究的客观性、可靠性和综合性。

- 明确工具:从明确研究目标和问题开始,设计研究框架,选择合适的研究方法和工具;

- 严格认证:调研开始前,华米通过严格的用户身份认证机制,确保参与者的真实性和调研数据的客观性;

- 统一标准:将调研任务标准化,制定清晰的任务执行规范和时效规定,确保调研操作的一致性;

- 数据收集:采用现场调研、问卷调查、深度访谈等方法收集数据,同时利用移动应用、小程序等技术手段提高数据收集的效率。同时要求调研参与者提供实证素材,如照片、视频、音频文件等,以支撑他们的观察和评价,增强调研结果的可信度;

- 质量控制:通过自动化校验和人工审核相结合的方式,华米确保收集到的数据真实有效,避免恶意差评和数据造假;

- 结果反馈:根据分析结果,生成详细的调研报告,为政策制定和决策提供依据。建立反馈机制,将调研结果及时反馈给相关利益相关者,促进政策和措施的改进。

华米的实证调研方法通过一系列标准化和数字化的步骤,体现了其在现代研究实践中的先进性和规范性。首先,华米利用严格的用户身份认证和任务执行的标准化流程,确保了参与者提供信息的真实性和可靠性,从而在源头上保障了数据的客观性。其次,通过采用移动应用、小程序等数字化工具,华米实现了数据收集的便捷性和高效性,让调研过程更加快速和精确。此外,华米还运用自动化校验技术,如基于"人""时""场""物"的核心节点完成自动化校验,进一步确保数据的准确性和调研结果的有效性。通过这些方法,华米不仅提高调研的科技含量,也展现其在实证研究领域的规范化操作,为社会治理和决策提供强有力的数据支撑和科学依据。

三、实证调研的作用:为管理赋能

以政务管理部门和企业为主要用户的实证调研,最大的实施亮点,是赋予了原本属于自身管理对象、服务对象或协作对象的群体以新的身份。例如,企业将原本仅限于服务对象的消费者,纳入协同管理的范畴;监管部门与管理对象原本处于"管与被管"的关系,通过实证调研,也柔化为集调查、辅导、提升、管理于一体的共治共建合作模式。

以下是监管部门和连锁企业通过实证调研能够获得的直接效益。

(一)厘清管理对象现状

案例1:台州温岭的民主恳谈会①②③

1999年,温岭民主恳谈会作为我国基层协商民主的典型形式起步,经过20余年的发展,不仅成为当地基层自治的重要载体,还以成熟的模式被全国各地借鉴。在民主恳谈的推动下,2020—2022年,温岭市在社会治安、安全生产、道路交通和火灾事故等方面的主要指标均显著下降。

在温岭市新河镇,工资协商的民主恳谈成为了基层协商的生动实践。每年入秋前,温岭市都会举办羊毛行业工资集体协商会。1985年,新河镇羊毛衫产业兴起,但到2002年,随着行业的发展,企业间的无序竞争和工资拖欠问题频发,导致了大量纠纷。为解决这一问题,2003年,新河镇开始实施

① 郎友兴.商议式民主与中国的地方经验:浙江省温岭市的"民主恳谈会"[J].浙江社会科学,2005(01):31—36.
② 景跃进.行政民主:意义与局限——温岭"民主恳谈会"的启示[J].浙江社会科学,2003(01):27—30.
③ 徐珣,陈剩勇.参与式预算与地方治理:浙江温岭的经验[J].浙江社会科学,2009(11):31—38,126.

行业工资集体协商,政府主导、工会出面、劳资双方共同参与的民主恳谈会,使工人和企业主能够在平等对话中达成共识。经过多轮协商,新河镇羊毛衫行业确定了行业普遍认可的最低工资标准,并大幅减少了劳动纠纷。截至 2022 年,这一工资协商模式已推广至全市 23 个行业,覆盖 9000 多家企业,惠及近 40 万名职工,大大促进了和谐劳动关系的构建。

温岭市的民主恳谈已成为镇村干部决策的重要工具,通过平等对话解决了许多实际问题,使得政策更加贴近民众需求。民主恳谈的成功经验不仅在社会治理中发挥了重要作用,还推动了基层社会治理的创新。2020 年,温岭市通过数字化改革,将民主恳谈从线下移至线上,进一步提升了基层治理的效率。此外,温岭市还通过民主恳谈发现和解决了多个治理难题,并创新实施了人大"三问一评"监督机制,有效破解了多头管理、无人认领的治理困局。2022 年,温岭的治理创新案例获得全国社会治理创新案例的荣誉。

案例 2:深圳微小餐饮经营及监管情况调研

2016 年,深圳市率先探索试行微小餐饮单位经营许可"申请人承诺制",即微小餐饮单位书面承诺符合许可条件并依法承担相应法律责任、申请材料齐全的,免于现场核查,可直接发放《食品经营许可证》,这一改革举措被市民亲切称其为"秒批"。

2019 年,华米接受深圳市市场监督管理局委托,以微小餐饮单位作为切入点,调研其经营现状、食品安全、突出问题、关注热点等情况,同时对各区所食品安全监管力量配比、食品安全监管工作难点等情况进行分析,找准食品经营监管重点、难点,探索在制度改革、机构改革的时代大背景下,食品安全治理面临的新挑战。

华米在调研中面向三个群体:经营单位、消费者和基层监管人员。在调研方式上,对经营单位,采用实证调研法,调查员随机抽取微小餐饮单位上门调研,考察实地经营场所现状与食品安全条例基本要求的符合情况;并抽取部分经营单位访问,了解其在合规经营方面遇到的困惑。对消费者,采用实证问卷法,通过在调研工具平台上投放问卷,获得深圳市民对微小餐饮的关注热点、消费习惯和发展期许等方面的反馈。对基层监管人员,调查员全覆盖走访深圳市基层监管所,对每个监管所开展面对面访问(见图 2-1);受访对象包括所长、负责食品安全的副所长、执法队长、执法人员等不同人员,深度了解基层监管所在食品安全方面的监管重点、难点、力量配备、工作量等情况,尤其是针对微小餐饮监管方面的深入思考和解决方案。不同维度的密集调研有助于发现不同角度对同一问题认知的异同之处。

图 2-1　调查员走访深圳市基层监管所,对每个监管所开展面对面访问

在上述案例中，监管人员反馈的最有共性的一个问题是，经营户变化情况太快，尤其是小餐饮店，今天开，明天关。店铺实际关门，经营者未必及时注销。下一个来接盘，新的经营者未必及时更新登记备案信息。毫不夸张地说，监管人员上一刻离开，下一刻现场都可能产生变化。结合客观条件，时刻监管不可能，也没必要做到"保姆式监管"。

近年来成为消费重要渠道的电商平台，面临着和监管同样的困境。在华米服务的电商客户中，就有对平台入驻商家投入大量核验成本的案例。比起线下开店，线上经营的动态变化率更高，合规监管难度也更大。对于商家的进入、退出、处罚机制随时都在变化，这些变化依据往往需要大量的现场工作支持。

购买第三方服务，通过外部专业机构提供服务，已经成为政府部门和企业采用的常见方法。而实证调研作为一种由购买方发起、第三方授权外部人员开展的信息获得手段，有助于帮助管理者厘清放在眼前的究竟是什么情况。

由第三方来梳理至少有以下四种优势：

第一，由于第三方人员往往是非专职雇佣员工，往往"面生"，相对于自上而下的"熟人"，更容易获取到真实的现场信息。

第二，第三方人员没有"领导"身份，没有执法权力，被调研对象的防范心理相对没有那么重，有时候沟通更为顺畅，获得的信息也更为全面。

第三，第三方可以根据不同的专业要求短期雇佣、派遣或邀约有相关专业知识的人员开展对应调研。例如，可以招募食品安全审核人员开展短期的餐饮经营风险评估工作。但管理部门有限的人员不可能个个都熟知各领域知识。因此，通过第三方可以实现"用专业的人做专业的事"，调研员以其专业性发现管理对象可能存在的隐患，明晰管理重点。

第四，通过实证调研方式可以开展数据的积累和储存，并为多次挖掘做好基础准备。无论是了解管理对象和掌握市场环境，都离不开大量的调研数据。

（二）为组织管理降本增效

在连锁企业的日常管理中,巡店是管控店铺服务质量的重要措施。应运而生的是总部督导、各层级区域经理、营运优化等多个岗位。随着企业的规模化发展,巡店队伍的扩张以及巡店质量一直是令管理者头疼的问题,涉及合理的人力资源投入和公正公平的绩效体系设置,至今,很多管理人仍然需要依靠自身的大量投入来弥补店铺管控质量的短板。

监管部门面临同样的压力,大量的文书、会议工作已占据主要工作时间,即便依托基层组织的网格员、协管员力量,也存在人员组织难、动员不到位、落实变形的难题。

纳入社会力量开展实证调研,可以有效缓解人力资源不足、经费有限、信息失真、数据滞后的压力。

伴随数据治理的能力提升,企业和监管部门可以通过数据文档形式制定管理清单,设定第三方人员准入条件,指导监督现场人员工作操作规范,审核数据回收的质量,实现在电脑前、在手机上查看实时信息反馈。

华米运营至今,设计的实证调研标准,始终坚持的一个人员管理规范可总结为"实名""实地""实证""实时"四个方面,一是实名,即要求所有注册人员完成实名认证,核验身份;二是实地,即要求所有现场工作必须完成 GPS 定位签到与签出,确保地点正确,起止时间达标;三是实证,即要求所有的评价和报告都需要符合逻辑的图文、音视频素材支撑;四是实时,即要求录入的信息必须在规定时间内上传,强调"在场"的有效性。

如此,管理者虽然无法随时亲临现场,但仍然有能力获取"现场"信息。而相对传统的视频监控等技术手段,人是更有温度的调研者,体验者,能够比监控画面更能获取体验感、获得感和满意度。

在多年来的市场调查、神秘顾客服务项目中,华米的注册用户以消费者身份亲临店铺,完成消费全生命周期,根据调研问卷精准反馈问题所在,极大地弥补了总部在督导和巡店上人力投入不足,信息获取不准确、不及时的能力缺陷,帮助总部在对员工培训、店铺和产品升级改造方面做得更有理有据,也使具有专业知识的管理人员能专注于更具有管理含金量的工作内容,为组织实现降本增效。

该模式可以继续优化的地方在于:需要进一步挖掘出数据沉淀的优势,促进调研收益和价值在社会面的共享。此外,还进一步开发便于企业和组织直接使用的调研产品,降低沟通成本,将降本增效收益持续放大。

(三)督促管理者履职到位

在层级制的管理中,成员履职到位是提升管理成效的关键。履职到位的前提是相关成员明确自己的职责范围和工作目标,具备完成工作所需的能力素质、专业技能以及良好的职业道德,并需要一定的团队协作精神。同时,履职到位也依托于对权责的清晰界定、评价机制的确认。

社会力量参与的实证调研,具有实现履职能力监督的推动作用。在华米实施的项目中,群众和消费者提供的信息,形成了社会监督的评价机制。可量化的评价结果,成为对各层级管理者开展评价的参考依据。归纳来看,实证调研在推动履职到位的过程中,发挥了如下几个方面的作用:

第一,提高管理人员的工作效率。正如在前文论述为组织降本增效中所言,管理者可以更加专注自身工作,减少不必要的沟通、协调成本,提升整体工作效率。

第二,在定期的设计实证调研过程中,管理者通过问卷设计、标准梳理,有利于增加组织执行力,理解组织的决策和计划,确保组织的总体目标得以实现。

第三,能够更好地激励团队成员,接受社会监督和评价能够刺激优秀的成员更好地履职,重视工作成果的可交付、可检验性。

第四,通过实证调研发现组织中的长板和短板,有助于组织及时优化提升,扬长避短,提升组织整体的工作质量。

综上,实证调研为组织内部对履职结果的评价提供了更科学、更有公信力的科学依据。

第三章　华米模式在共建共治共享实践中的路径探讨

在介绍了实证调研对组织的作用后,本章回到华米模式本身,以华米公司的实证调研服务为核心,从流程优化、角色定位、技术应用等多个维度,剖析华米模式如何有效促进社会治理的现代化。有赖于诚信基础的构建、个人与企业公民素养的提升、信息对称的扁平化调研,以及技术赋能保障数据真实性等关键策略,华米模式不仅提高社会治理的透明度和公众参与度,而且还提高了治理效率和决策质量。一系列卓有成效的案例展示华米模式在不同社会治理场景中的应用效果,证明其在促进社会和谐、提升治理效能方面的显著贡献。华米模式的实践,为构建一个更加开放、协同、高效的社会治理体系提供了宝贵经验和有益启示。

一、以价值塑造为核心路径

(一)打造参与社会共治的诚信门槛

从本质上说,华米模式的核心理念是利用数字化手段促进公众参与和社会共治,并依托开放的调研平台实现这一目标。在探讨华米模式如何融入共建共治共享的社会治理体系时,应当首先聚焦于诚信这一核心原则。作为社会共治的基石,诚信不仅是个人品德的体现,更是社会治理中不可或缺的一环。在华米模式中,诚信理念强调在数字化社会治理平台上,每个参与者都应以诚信为本,确保所提供信息的真实性和可靠性。依托严格的用户身份认证和任务执行的标准化流程,华米模式建立了一套完善的诚信机制,不仅保障调研数据的客观性和有效性,也为社会共治的有效实施奠定了坚实的基础。本节内容将详细阐述华米模式如何通过诚信机制,激发公众参与社会治理的积极性,促进社会资源的高效配置,以及如何通过技术手段和创新管理,维护社会共治的诚信环境。

数字技术的快速发展为基层社会治理的平台共建、问题共治与服务共享提供了基础,但相应的多元主体治理机制尚未完全形成。应对数字鸿沟挑战,需利用数字技术对所有治理主体进行增量式赋能,明确基层政府、公众、企业等主体的角色身份,并重构其治理能力。基层政府应发挥数字技术支撑作用,实现数字化治理的集中化、整体化与整合化,重塑数字协作流程,消除"信息孤岛"和低水平信息重复采集现象。为此,企业、社会组织需要强化参与基层社会高质量数字化治理的自觉性。与此同时,社会公众应注重自身数字素养的提升,提高数字公民身份意识并充分履行权责,通过有效联动信息世界的理性数字支撑和物理世界的感情表达,实现社会治理议题的积极参与。

社会治理中的社会共治是实现国家治理能力现代化的基础,社会共治集中了各方面、各主体的力量群策群力,共同为社会发展、社区建设、社群联系等不同层面梳理问题脉络,提供解决问题的有效渠道。社会共治是一个包括多元主体在内的开放、复杂的系统,其核心是对话、竞争、妥协、合作和集体行动,最终目标是实现社会共同利益[①]。社会共治的优势在于凝聚社会力量、提高治理效能、促进社会的发展与进步[②]。社会共治需要不同的社会主体共同承担社会责任,通过高效利用社会基础设施、社会保障政策、公共服务手段等方式,分担社会治理问题,合作解决复杂的社会问题,提高公众的福祉和社会幸福感。

打造共建共治共享社会治理格局的核心在于共治,即各大主体通过沟通、协商、调和、合作的方式,而不是简单的硬碰硬的办法来共同参与公共事务治理,妥善解决矛盾纷争,进而达致一致性意见、采取一致性行动①。这也是社会共治的智慧所在,需要各方主体,例如政府、社会组织、第三方参与人员等,发挥各方力量,主动参与社会治理,培育社会参与意识,齐心协力筑牢社会安全的最后一道防线。

华米公司运营的平台取名为"大人来也",通过这个有趣味性的调研工具,便于操作的调研任务,降低公众参与社会治理的门槛。平台用户在符合准入门槛的前提下,自觉自愿接单,完成调研,获取酬劳,从而增强公民的参与意识和责任感。"大人来也"作为一个创新的社会治理平台,其设计理念在于打造一个无障碍的数字空间,确保每一位公民都能轻松地参与社会治理的各个方面。

平台通过简洁直观的用户界面和友好的操作流程,确保各层级用户都能快速上手并有效使用。平台支持多种访问方式,包括移动应用、小程序、线下互动等。

对华米来说,把好平台用户的质量关,不等于设立高不可攀的准入门槛。相反,通过合理的产品设计来做到任务拆解,把"标准化"操作留给现场用户,把"专业化"整合留给中后台。

互联网生态中最令经营者烦恼的是"刷单""薅羊毛""水军""僵尸用户"等虚假信息的干扰,甚至给平台和商家带来经济损失。"大人来也"的第一道门槛就是诚信,即身份认证。由于用户在完成任务后可以领取酬劳,因此

---

① 夏锦文.共建共治共享的社会治理格局:理论构建与实践探索[J].江苏社会科学,2018(03):53—62.

平台在对用户进行身份认证这道关上把控甚严。

平台对于用户进行分级分类管理,有些用户仅仅是普普通通的消费者,或者社区居民;有些用户是持有相关专业证书的专家;有些用户在 A 类任务中是普通顾客,又可以以专家身份参与 B 类任务。分级分类可以最大程度地发挥用户资源的共享价值,更高效地为调研单位匹配到所需社会资源。

由于参加社会治理主体的多样性,平台调研数据就具有多样性,广泛代表了不同年龄、不同领域、不同行业的参与人士的意见和建议,这对于组织针对反馈数据的分析,制定相关的解决方案,提供了更高的社会参考价值。

只要诚信,就有机会参与共治共建,并共享劳动成果——组织得到一份调研结果,个人用户得到一份酬劳,个人和组织通过一个调研平台实现了"双向奔赴"。

(二)在调研中提升个人和企业公民素养

平台不仅是参与工具,也是公民教育的平台。通过参与社会治理,参与者更可以学习到相关法律知识、公共政策和社会规范,也可以了解到企业在经营中的管理标准,从而提升自身的公民素养和参与能力。

在接单任务前,用户首先要通过任务说明了解该任务的性质、目标。在做出基本判断且完成接单后,用户还需要在线学习任务要求,"预习"问卷,熟知现场调研操作的基本规范。

一位参与过多次企业调研的用户说,现在对服务行业的同理心增强了,因为他知道看似普通的工作,背后有这么多的条条框框,对于一些非恶意的不周到行为,与其与员工发生冲突,不如心平气和好好沟通。

参与过政务调研项目的用户说,填了几份不同的调研问卷,就看到政府管理中的细致,以前遇到不满意的情况,要么置之不理,私下抱怨,要么就选择投诉。现在看到有些管理部门能主动邀请群众参与体验评价,这个沟通方式更理性、更充分,也令人对这样的部门心生好感。

平台在任务前置设计的培训板块,在某种程度可以被视作组织的宣教引导阵地。例如,一份文旅调研问卷要求"神秘游客"前往游客中心了解相关服务,也相当于推广介绍了游客中心应有的服务,这一部分恰恰是被游客忽略的内容;一家火锅品牌"培训"用户,需要观察锅底是否在点单后 5 分钟内上桌,这变相地宣传了品牌在出餐效率上的精细化亮点。

平台鼓励机制有助于激发公民意识,无论是通过自身的服务获取酬劳,还是看到提出的建议得到落实,都使组织与个人之间产生良性的互动、更高的黏性。

平台不仅提供参与社会治理的机会,也通过多元化的教育内容和形式,全面提升公民的素养和能力。这种教育与实践相结合的模式,有效地促进了公民的全面发展,为构建知识型、责任型、参与型的现代社会奠定了坚实的基础。通过这样的平台,公民不仅能够更好地参与和影响社会治理,还能够在个人成长和社会进步中找到自己的价值和意义。

与此同时,华米调研也为组织提供指引,做好"企业中的企业"。

第一,调研服务引导企业承担社会责任,鼓励企业超越传统的商业目标,积极参与社会责任项目,包括环境保护、社区服务、教育支持等方面,通过这些活动,企业不仅能够提升自身的社会形象,还能够为社会的可持续发展作出贡献。

第二,调研服务促进企业与社会的互动,平台提供一个企业与政府、社会组织和公众之间互动的沟通渠道。调研也帮助企业更好地理解市场动态和消费者需求,帮助企业做出更加精准的商业决策,提高产品和服务的市场适应性。

第三,调研服务支持企业创新和业务模式转型,如共享经济、绿色经济等。通过调研,企业可以获得创新思维的启发,测试新的商业模式,并得到市场反馈,从而推动企业的持续发展和转型。

第四,调研服务增强企业的社会治理能力,通过提供培训和教育资源,帮助企业提升参与社会治理的能力和技巧,提高员工社会责任感、培养企业的社会治理专业人才,提升企业在社会治理中的沟通和协调能力。

第五,调研服务帮助企业构建良好的公共关系。通过参与社会治理项目,企业可以与政府、社区和其他利益相关者建立良好的关系。这种合作关系有助于企业在社会中建立信任,提高其在公众中的声誉和影响力。

平台帮助企业成为社会治理的积极参与者,不仅关注自身的商业成功,还关注社会的整体福祉和发展。这种"企业中的企业"模式有助于企业实现长期可持续发展,同时为社会带来积极的变化。

二、以技术建设为实施路径

(一)扁平化调研促进信息对称

平台作为一个社会治理工具,通过确保信息的透明度和可获取性,为公众和组织之间搭建一座双向沟通的桥梁,华米模式提供了一种扁平化调研的可能性,以便组织与公众之间的信息更对称且更具针对性。

我国政府历来重视社会治理的精细化与参与性,社会治理的模式由粗放式转向精细化是解决社会矛盾的必然要求[①]。数字化共治共建是依托于互联网技术发展下的新机遇,"数字社会的来临为社会治理现代化提供增权赋能的技术路径和重要契机"[②]。平台"打穿"传统调查和咨询流程的复杂环节,让调研中的"供需"直接"握手",甚至可以做到"你问我答"的调研模式。

以 A 市公厕改建质效调研为例,以往的做法是市一级业务领导部门决策,动员条块部门安排信息收集工作,再分摊到基层人员具体实施,回收表格登记信息,最后汇总到大表中进行汇报归档。在这个层级网络中,每一次信息的传递都可能导致信息量的损耗,工作周期长,行政资源消耗多,信息

---

① 雷晓康,张田.数字化治理:公众参与社会治理精细化的政策路径研究[J].理论学刊,2021(03):31—39.

② 张成岗,王明玉.数字赋能乡村治理的行动逻辑及推进路径——以吉林省 X 村为例[J].行政管理改革,2022(09):21—30.

准确率往往不理想。而通过华米平台,这个信息获取的工作完全就交给社会力量,做到信息的高效全覆盖,行政管理部门则把精力集中在对改造不达标的点位进行及时整改。

上述案例充分体现了"小政府、大社会"的治理理念,小范围的调研路径有助于组织更好地适应需求,组织可以根据这些数据来调整和优化政策,确保政策既科学合理又贴近需求。这种基于数据的决策模式提高了政策的针对性和有效性。

扁平化的调研提升社会治理效率,强化社会监督机制,加强了政府与公众之间的沟通和信任,也为政府决策提供了坚实的数据基础。这种基于透明度和参与度的社会治理模式,有助于构建一个更加和谐、更加有效的社会治理体系,实现政府与公众的良性互动和共同发展。

(二)技术赋能保障数据真实

在数字化时代背景下,数据的真实性成为社会治理决策的关键因素。华米模式深刻认识到这一点,为数据真实做出了一系列努力。通过深入剖析华米模式如何利用先进技术手段,从操作层面和业务流程上确保调研数据的真实性和有效性。立足一个多层次、全方位的技术保障体系,华米模式不仅提高数据收集的准确性,增强了数据分析的可靠性,为社会治理提供了扎实的数据支撑。

在技术配置上,平台以"人""时""场""物"为核心节点,完成自动化校验。所谓"人",即对用户——任务执行人的身份进行严格核定,也会对同一人在注册、接单、执行、报告、领取酬劳等全流程进行一致性判断。在此过程中,也提醒用户要对自己的操作和评价真实性负责。所谓"时",即对任务的执行时段做出合理限制。考虑到尽量减少短期记忆偏差,提升调研信息的及时性,任务从接单到提交的有效时段通常设置为 24 小时。如逾期,任务会自动被取消,并重新回到可供其他用户接单的任务池里。所谓"场",即要求现场任务必须经由签到、签出确认所在位置,"打卡"正确,时长到位,以保障用户没有跑错地方，没有"蜻蜓点水"。同时，对于部分原先登记备案地点错误的点位，也可经由位置错误上报机制，在调研后调整至正确地址，纠正错误信息。所谓"物"，即报告对应的评价都需要有实证支撑，如符合评价内容的图片、视频、音频文件等，且需辅以相应的文字描述。如果缺乏足够的证据支撑而给出"差评"，平台在审核时会倾向于不接受并驳回报告。该机制有助于消灭恶意差评现象，也可以提供素材，帮助组织有针对性地完成内部改善。

在业务流程设置上，平台则通过限制用户接单权限，规避"刷单"，或者指定熟人接单等情况。华米在经过多年平台运营后发现，优化用户在同一任务中的接单量，可以有效保障调研的客观性。一是用户不足以"以此为生"；二是可以使现场执行人更为随机，在一些神秘调查项目中，不易暴露身份，不易与被调研人员建立长期联系。

此外，实证调研报告后经由平台审核，审核分为机器识别和人工审核两道关，再次核验报告质量。只有有效报告才会进入最后的调研有效样本库，不合格的报告经平台与用户约定后予以退回或完善。最终退回的报告，用户无法获取相应酬劳。换言之，调研方不再需要为废样本买单，比起传统调研，经费的有效使用率大幅提升。

平台利用先进的信息技术，实现了政府信息的实时更新。无论是新的法律法规、社区建设项目的进展，还是突发公共事件的应急响应，所有信息都能够迅速传递给公众。这种快速的信息流通机制，不仅让公众感到被及时告知和重视，也为他们在日常生活中的决策提供了宝贵的信息支持。

信息透明度的提升是建立公众信任的基石。当公众能够随时获取到准确、全面的信息，他们对政府的决策过程和意图就会有更清晰的认识。这种透明度有助于消除误解和猜疑，增强公众对政府工作的信任度和满意度。同时，公众也更愿意参与社会治理，因为他们知道自己的声音和需求能够被听见并得到重视。

"大人来也"平台不仅是信息发布的窗口,也是政府收集民意和数据的重要渠道。通过平台上的互动功能,政府能够收集到公众对于政策的反馈、社区需求的调查结果以及对重要事件的看法。这些第一手资料为政府提供了宝贵的数据支持,帮助决策者更好地理解民众的真实需求,从而制定出更符合民意、更有效的政策措施。

平台的信息公开和共享机制,促进政策制定过程的科学化和民主化。政府在制定政策时,可以参考平台提供的数据和公众意见,确保政策既科学合理又贴近民意。同时,公众也可以通过平台参与政策讨论并提出建议,使得政策制定过程更加开放和透明。

"大人来也"平台通过确保信息的透明度,不仅加强了政府与公众之间的沟通和信任,也为政府决策提供了坚实的数据基础。这种基于透明度和参与度的社会治理模式,有助于构建一个更加和谐、有效的社会治理体系,实现政府与公众的良性互动和共同发展。

(三)依托 SaaS 模式提升组织决策灵敏度

在快速变化的现代社会,组织决策的灵敏度直接关系到其适应市场和社会发展的能力。华米模式运用 SaaS 模式赋能,在提升组织决策灵敏度方面打通了创新思路,展现了独特的优势。SaaS 模式是一种通过互联网提供软件的模式,厂商把相关的应用软件安装在自身的电脑服务器上,相关客户根据自身的显现需求和潜在需求,通过互联网向厂商定制购买所需的应用软件服务,并按照使用时间和功能两种方式支付相关的费用。SaaS 模式的引入,使得组织能够通过云计算技术轻松访问和使用各种调研应用,无需承担昂贵的硬件投资和维护成本。这种模式不仅减少了组织的经济负担,还极大地提高了调研的可访问性和便捷性。在华米模式的实践案例中,SaaS 模式在提升组织决策灵敏度方面展现出强大动力和广阔前景。

说到第三方调研,传统模式在许多方面被人们所诟病,主要表现在以下三个方面:首先是成本高昂,无论是问卷调查还是面对面访谈,通常需要投入大量的人力、物力和时间成本,许多中小企业或机构无法负担,更别提大规模的调研;其次是调研效率相对低下,实证调研受限于地域、覆盖率等因素,难以快速收集到大量有效的数据。由此又产生了代表性、广泛性和均衡性不足的问题,其结果的客观性往往受到质疑;最后,传统调研的实时性不强,互动性不足,在外部环境快速变化的情况下,信息滞后性可能导致结果失去实际意义,也限制了调研者根据反馈调整策略的能力。

华米调研模式很大程度上克服了传统调研模式的不足,针对企业端使用者,推出了调研者自主设计、自主发单的服务。如果调研者本身具备一定的专业知识,就能够独立启动调研项目。这种服务模式有一个最直接的好处,就是大大降低组织与第三方咨询公司的沟通成本,组织可以按需按预算自行决定在何时、何地,围绕哪些对象,启动何种规模的调研。决策成本降低,实施成本降低,就会鼓励组织更积极地将调研纳入工作中,使调研、决策、优化、提升质量形成一个正向循环。事实上,除了政府和企业,一些研究机构也通过华米模式获取了原先难以取得的实证样本,把原本需要花在出差、住宿、交通、购买设备和支付项目工资的成本直接转化为用户酬劳,目标受访者通过在线问卷和实证素材上传,帮助研究者获得足够的样本。

独立启动调研也并非没有挑战,比如研究人员往往深受专业习惯影响,容易设计出较为复杂的问卷,从而导致用户对问卷的理解产生偏差,或因题量太大,描述太复杂而影响答题质量。对比华米所适用的问卷风格,更倾向于让受访者直接回答眼睛看得见、耳朵听得到、嘴巴尝得到的问题,例如"商场 A 入口是否张贴了活动海报?""海报活动是否过期?",这类询问方式一来简洁易懂,二来审核员在对应上传照片时可以做出直接判断。这些调研方式可能会获得更理想的质量结果。

随着各类使用者多种的场景,华米也一直在灵活拓宽服务的功能性和可配置性,尽可能地在无需人工过多介入的情况下,满足调研者自身设计的需求。在信息纷杂、需求多样的时代,各类使用者对于调研工具的期待也在不断提升。他们不仅需要工具能够适应多变的调研场景，更希望能够根据自己的特定需求，灵活定制调研方案。正是基于这样的市场需求，华米不断在服务的功能性和可配置性上进行创新和拓展。华米深入分析不同行业、不同规模、不同需求的使用者情况，识别出使用者在运用调研工具时的痛点和需求点。并针对性地开发了一系列功能模块，如自定义问卷设计、多渠道数据收集、智能数据分析等，使用户能够根据自己的调研目的和偏好，快速搭建起个性化的调研流程。为了提高用户体验，华米还特别注重服务的易用性和智能化程度。通过引入自然语言处理、机器学习等技术，华米的工具能够理解用户的指令和需求，自动推荐合适的调研模板和配置选项。华米还提供了丰富的 API 接口和插件扩展，允许技术用户根据自己的需要，进一步扩展和定制调研工具的功能。此外，华米还考虑到了非技术用户的使用场景。提供拖拽式的问卷设计界面、智能的逻辑跳转设置、一键式的报表生成等便捷功能，即使是没有任何技术背景的用户，也能够轻松上手，快速完成调研设计和数据分析。在不断拓宽服务的功能性和可配置性的同时，华米也一直在努力减少人工介入的必要性。通过自动化的工作流设计、智能的异常检测和预警机制、自助式的用户帮助系统等，华米的工具能够在大部分情况下独立运行，只有在遇到特殊情况或需要专业判断时，才需要人工介入。一言以蔽之，华米的一切努力都能为各类使用者提供一个强大、灵活、易用的调研平台，帮助他们在无需人工过多介入的情况下，高效、便捷地开展调研工作，获取有价值的数据和洞察信息，从而更好地支持他们的决策和创新。

在数字化浪潮的推动下，智慧化调研已经成为行业发展的必然趋势。随着移动办公的普及和工作模式的转变，管理者对于调研工具的需求也随之升级。他们迫切需要一款不仅轻量级、易于操作，而且能够支持团队成员随时随地协同工作的智能调研工具。这样的工具能够无缝融入快节奏的工作环境，满足即时获取信息、快速响应市场变化的需求。智慧化调研工具的设计注重用户体验,通过直观的界面设计和用户友好的交互流程,确保即便是非技术人员也能轻松上手。它通过云计算、大数据分析和人工智能等先进技术,实现了数据的实时收集、处理和分析,为管理者提供了强大的决策支持。这些工具通常具备高度的可定制性和扩展性,能够根据不同组织和项目的具体需求,快速调整调研问卷、收集方法和报告格式。智慧化调研工具还强调了协同工作的重要性。在团队成员分散各地、移动办公成为常态的背景下,它通过在线协作、实时通讯和共享工作空间等功能,促进了团队成员之间的沟通和协作。这不仅提高了调研工作的效率,也确保了团队成员能够及时共享信息、交流想法,共同推动项目向前发展。最终,智慧化调研工具与组织的敏捷化决策紧密结合,形成了一个高效、灵活、响应迅速的工作流程。管理者可以利用这些工具快速捕捉市场动态、洞察消费者需求、评估竞争对手情况,从而做出更加明智、及时的决策。这种基于数据驱动的决策模式,不仅提高了决策的质量和速度,也为组织在激烈的市场竞争中赢得了优势。这是华米模式为推进组织决策灵活调整、组织整体高效运行所作出的贡献。

三、以制度构造为根本路径

(一)通过灵活用工促进就业公平

党的二十大报告明确提出,强化就业优先政策,健全就业促进机制,促进高质量充分就业。企业作为社会发展的重要支柱,有责任、有义务为公众就业提供更多的机会,为不同的社会群体提供参与社会环节的机会,就业是直接参与社会的途径与方式,是动员广大人民群众参与社会建设与社会治理的关键步骤,在加速推进中国式现代化的过程中,数字经济对于促进就业增长发挥着越来越重要的作用①。

与此同时,我国经济的发展已经转向高质量发展阶段,内在要求是实现高质量就业,促进高质量发展是深化经济结构调整、跨越中等收入陷阱的关键途径,也是解决当前就业总量问题和结构性矛盾的重要抓手②。高质量发展要求企业进行高质量规划,释放更多的就业机会,将企业自身的发展与高质量就业的协同治理联系起来。在华米搭建的调研平台上,政府和企业提供了一种购买知识劳动和专业服务的用工新方式,通过补贴和酬劳机制,使得人们充分利用闲暇时间,增加日常收入。

此外,华米也在参与政务调研服务的过程中,将互联网技术、数字化技术等纳入发展规划,专门为社会治理打造出新的社会参与途径,创造出新的社会参与机会,创造出调研员等这类就业群体,使人民群众可以共同参与社会建设和社会治理,共享社会治理的结果。

参与调研的"门槛"主要依据诚信与能力,因此该平台在治理项目中也吸引了退休群体和失业群体的力量,拓宽了各个人群的收入渠道。如能形成规模效应,则该治理模式有助于进一步提升社会就业参与率,提升就业公平。

(二)创新数字化社会治理模式

党的二十大提出"完善社会治理体系,健全共建共治共享的社会治理制度,提升社会治理效能,畅通和规范群众诉求表达、利益协调、权益保障通道,建设人人有责、人人尽责、人人享有的社会治理共同体"。华米调研深入打造适合人民广泛参与的社会共治项目,与多方商家、企业、政府机关等主体合作,开拓具有普遍性的社会共治项目,吸引广大人民群众积极参与社会

---

① 毛雁冰,赵露.中国式现代化进程中产业数字化的就业效应研究[J].北京工商大学学报(社会科学版),2024,39(01):30—40.

② 林聚任.多维协同治理助力更充分更高质量就业——评《高质量就业的动态评价与协同治理》[J].济南大学学报(社会科学版),2023,33(01):177.

建设与社会治理,通过发挥广大群众的力量提升社会共治的能力与水平。

华米调研平台是对社会治理模式的一次重要探索,它通过以下几个方面实现了对社会治理模式的推动和改进:

首先,华米建立调研与科学决策之间的"强联系"。线上线下资源整合,通过数字化降低准入门槛,提升信息质量,加上广泛的社会参与度,极大提高了社会治理的效率和覆盖面。

其次,华米建立"管"与"被管"者之间的直接对话渠道。政府和相关组织能够快速捕捉到社会问题和公众关切,及时作出反应,并调动资源进行处理。这种快速响应机制,不仅提升了政府的公信力,也增强了群众的安全感、获得感和满意度。

更重要的是,华米以调研的方式倡导并推动了政府、企业、社会组织和公民个体之间协同治理的实践发展。同时,平台严格做好信息保密工作,所有的调研数据仅向调研发布方负责,任何调研信息在未授权的情况下都不作公开。如此,调研发布方更希望听到的是来自调研员的"批评"、真心话,而不是购买"表扬"。这是一种理性、安全的多方协作治理模式,有助于形成合力,提高治理的全面性和有效性。

总而言之,华米调研模式不仅推动了社会治理模式的创新,还促进政府、企业、社会组织和公民个体之间的协同合作。这种新型的治理模式,以其快速响应、资源整合、多方协同和民主透明的特点,为构建更加高效、公正、和谐的社会治理体系提供了有力支撑,是现代社会治理发展的重要探索。

(三)调研治理的社会价值

企业在社会治理中的积极参与不仅能够提升自身的社会形象和竞争力,还能够推动社会的整体进步和发展。华米通过调研参与社会治理,有效地促进了社会秩序的构建。

第一,调研治理助力营造有序社会。管理部门主动通过海量的实证数据,并对这些数据开展深入挖掘,能够更准确地识别和解决社会问题,提高决策的针对性和有效性。

第二,调研治理推动社会资源有效配置。调研以数字手段及时发现与解决社会问题,及时发现潜在风险。通过快速响应和问题上报机制,管理部门能够及时采取措施,促进优化资源配置,提高公共服务的效率和质量。

第三,调研治理促进社会创新孵化。通过调研,企业和管理部门可以发现和支持新的管理理念和实践,推动社会治理模式的创新和发展。

第四,调研治理强化了企业和公民的社会责任意识。通过参与社会治理项目,企业和公民能够更好地理解自己的社会责任,这种参与不仅增强了企业和公民的社会责任感,也提高了政策的透明度和公众的满意度,有助于构建一个更加开放和包容的社会治理环境。

华米参与了广泛的基层治理和社会服务,努力防范技术至上的倾向。过度追求价值理性也会导致技术悬浮和治理难以落地,使基层数字化治理形式化,偏离实际需求。因此,基层数字化治理应以人为本,防范技术理性过度化,坚持工具理性和价值理性相统一。一方面,基于治理需求,以治理对象的实际需要和满意度为目标,构建友好的数字服务界面,消除数字鸿沟和不平等现象;另一方面,提升基层工作人员数字素养,培养他们的数字意识、思维、治理观念和能力,同时针对特殊人群制定和完善更加人性化的关怀政策,确保高质量数字化治理有效落地基层社会。

以华米模式作为包容共治社会治理的探讨案例,实为抛砖引玉,一家社会企业在探索社会治理创新性、可持续性的道路上仅能起到"投石问路"的效果,倘若相关研究者和实践者能够凝练出对社会发展有益的公共价值,则将使更大的社会面获益。

华米模式作为社会治理创新的案例,起到了抛砖引玉的作用。华米自身在探索社会治理的创新性、可持续性方面也取得了显著成效。2016 年和2017 年,华米连续两年荣获中国连锁经营协会中国零售技术创新奖,这是对企业技术创新和实践成果的肯定。同时,华米还获得了上海市第十届、第十一届优秀公共关系案例金奖,2018 年,华米参与上海市首届进博会食品安全工作获得上海市食药监局感谢信。这一系列荣誉、表彰无不证明华米模式在业界、学术界和媒体中得到的广泛关注和认可。一路的辉煌彰显华米团队的成功实践。广泛动员社会力量开展实证调研,不仅为社会治理提供了新的思路和方法,也为其他组织和企业参与社会治理提供了可借鉴的经验。随着社会治理的不断深入和发展,华米模式也将继续探索和创新,为构建更加和谐、公正、可持续发展的社会贡献力量。

华米模式经过多年实践,受到了学界的关注。在华米模式实践研讨会上,来自上海交通大学、浙江大学、华东师范大学、无锡市文广旅游局等高校、政府部门的专家学者、业界代表,一同探讨包容协作治理理论的缘起、国内外应用现状、华米模式实践成效,并结合我国社会治理特点,对未来发展提出切实可行的建议。总的来说,华米模式是一家社会企业通过模式创新,对社会治理的积极探索。该模式的宝贵之处不仅在于创新,更在于坚持。(见图 3－1)

图 3 - 1 华米模式实践研讨会上专家学者与华米团队合影

第四章　包容共治中的共建共治共享案例

在包容中参与,在协作中共治,社会治理理念与实践必须不断适应时代需求,使治理主体更加多元化,治理手段更加智能化、网络化。通过共享平台的建设,政府、企业、社会组织和民众可以更加便捷地参与治理过程,实现资源的优化配置和高效利用。

从共建到共治,再到共享,这一过程促进了政府、企业、社会组织和民众之间的深度合作与共同发展,本章主要介绍华米在调研治理中的实践案例。

一、综合案例:无锡文旅四维一体监管闭环

对文化与旅游两个管理部门来说,"文旅融合"不只是职能上的有机融合,更是对"诗和远方"的重新诠释。从安全监管角度,直接体现在监管范围的大幅延展,要求监管者跳出既有思维框架,在响应度、覆盖面、专业度方面持续提升,在保障文旅行业生产安全、经营规范的同时,为市场活力的增长保驾护航。在此过程中,主要面临以下几个方面的难点:

(一)监管类别增加,职责边界拓宽

优化、协同、高效的改革效应,得益于更优越的制度性安排,但对融合后的文旅监管部门而言,监管对象类别"扩容"了:一是行业的增加;二是专业度的提升。"文旅融合"的背后是产业深层次融合,市场化程度较高,产业活

力和创造力强大。随着新技术、新媒体、新需求的不断涌现,文旅市场上的"新面孔"不断涌现,例如近年兴起的私人影院、密室逃脱、剧本杀等,活跃的新兴业态要求监管持续"增能增效"才能保障市场有序经营发展。

(二)监管人员专业度"跟跑"市场发展

行业安全治理离不开基层队伍,基层干部面临的属地政府综合事务较多,职业化培训需求缺口大。在资源有限的前提下,亟须引入创新机制,实现行业安全隐患排查、风险预警的工作目标。

(三)优化营商环境为事中事后监管

更为宽松的市场主体准入门槛依托于科学的事中事后管理,无锡文旅明确监管主体职责,制定责任清单,落实企业主体责任,发挥行业组织作用,加强社会监督,通过以上几个方面的工作,做到放管结合,把有限的管理力量盘活,建立一套具有标准的、可长期延续的监管模式。

为切实可行地攻克安全治理难点,无锡文旅借助调研治理,动员广大社会力量,形成监管合力思路,为行业监管的短板精准补位,以构建"企业自查、点位巡查、管理督查、社会评价"的管理闭环为工作目标,经过 4 年多的运行,已打通"标准制定、人员组织、专业培训、实证巡查、数据监测、数据分析"各节点,使行业做到思想上统一认识、行动上统一标准。

截至 2024 年 6 月,无锡市文旅行业经营单位超过 5500 家,涉及 12 个行业,形成了一套以调研为抓手的共建—共治—共享包容协作治理模式。

1. 共建——点位固安,共建标准

无锡文旅安全生产的实施基础是"点位化"思路。不同行业、不同单位在经营规模、业态特点、安全要求上有较大差异性。例如文物保护建筑和网吧都属于文旅部门管理范畴,但具体管理要求差异甚大。为此,先拉起安全监管这条基准线,是压紧压实安全生产责任的基本前提。

落实到具体行动上,无锡文旅采用了先"化整为零",再"化零为整"的操作路径,即要求各单位全面厘清点位,做到动态管理,精准布控。细化点位设置,完善点位监管制度建设,做到每个岗位有人负责,每个点位有人巡查,每个流程符合安全规定,构建纵向到底、横向到边的点位监管体系网络。

点位建立起来了,如何确保这些点位有"活力"就成了下一步的功课。第一,点位设置要合理;第二,点位标准要符合实际情况;第三,点位管理要具有可操作性;第四,针对存量单位、增量单位和已退出市场的单位,点位布控信息要及时跟进。

为解决上述需求,无锡文旅采用的是与管理对象、与基层、与社会力量共建的方法。

在调动管理对象方面,通过建立经营单位自查制度,要求企业落实主体责任,人员落实岗位责任,按时按点完成点位自查,若有变化及时更新。

在调动基层力量方面,通过建立点位巡查制度,纳入基层干部、文旅从业者、志愿者等各界人士,以此队伍为基础,对各分管区域点位进行定期巡查,发现隐患随时上报和纠正。

在调动社会力量方面,通过华米调研平台招募第三方点位巡查员,定期全覆盖全市点位自查和巡查的落实情况,并通过发起各行业、各类型的"安心消费"神秘游客、神秘玩家调研体验,招募平台用户真实评价文旅消费感受。

通过以上三方动态队伍的共建,保障了"点位固安"在数量和质量上的动态有效性、实操性和可持续性。

2. 共治——行业巡查,履职到位

华米以调研工具和调研组织为依托,目标为落实巡查履职到位。基层队伍作为基础层级日常巡查,承担了常态化管理职能。但基层巡查人员的工作不仅限于文旅行业,可能还要同时兼任其他业务条线的工作,因此,其在人力资源配置、工作量安排、专业知识培训、经营对象动态调整,甚至属地化人情交往方面都有一定限制。为了赋能基层巡查的成效,华米通过派发调研任务的方式,遵循管理部门的管理频次,定期或随机地"派单",匹配第三方评估员开展巡查效果核验,补充基层巡查力量不足的短板。

行业巡查在五个方面起到了显著的积极作用:

第一,摸清底数,消灭盲区。例如,在"百日攻坚"期间,结合市局提供的巡查单位数和各板块的单位动态变化,在专项期间共计巡查点位数量超过2000家次。全市各文旅单位的经营是一个动态过程,受社会环境和自身经营情况影响,每个阶段都会有单位转入异常经营状态,同时也有持续的新增点位。因此,全覆盖巡查能够使主管部门和监管部门及时知晓辖区文旅单位的实际经营状况,避免出现底数不清的情况和管理盲区,最大程度降低安全生产风险。

第二,持续推进点位巡查制度。通过巡查,进一步考察属地化板块巡查员岗位责任落实情况,为完善巡查制度、培训巡查员打下基础。让点位巡查员更清楚知道自己的职责,知道具体如何落实。例如,通过针对新纳入文旅监管的等级民宿、剧本杀、密室逃脱、艺术类培训机构等新行业点位开展经营状态的巡查,及时将新业态的管理需求输出到日常巡查标准中。

第三,对经营者开展辅导与提升。评估员在巡查过程中及时告知经营单位应设置的安全生产点位制度情况,在巡查的同时完成宣教引导工作,使文旅单位接受了一次"现场辅导"。

第四,及时发现隐患。对于存在明显安全隐患的点位,评估员在工作群和问卷中及时告知,加快了隐患发现的速度,提高了点位对隐患处理的效率。

第五,协助落实岗位责任。以实证方式记录点位在安全生产措施方面的落实情况,为主管部门和监管部门及时保留了现场证据,进一步推动各单位、各岗位落实自身主体责任,明晰权责划分,进而落实到人,提高各点位负责人的安全生产意识。

通过基层巡查与第三方巡查的互补联动,文旅监管部门结合专家论证,优化巡查工作路径,包括跟进设置新行业新业态的点位布设,调整对碑桥等无专职人员负责的特殊点位的保护管理方式,跨部门协同加强数据共享,提升管理效能。

3. 共治——点位自查,落实主体责任

促使企业自主落实安全生产主体责任和岗位行为责任是夯实安全生产的基础,如果说巡查是"由外向内"压实安全责任,那么企业自查则是"由内向外"体现安全第一责任人的履职手段。

以往的企业安全自查都是通过纸质台账进行的,对经营者来说,记录、汇总不方便,操作要求不明晰;对管理者来说,查阅不及时,了解情况不直观。无锡文旅在基于巡查调研化的前提下,逐步将企业自查也纳入调研路径中,企业岗位责任人化身"调研员",他面对的自查表单转化为清单式问卷,他记录和提交的动作对应领取任务和提交任务。这些任务有执行规范,有时效规定,当行业管理要求产生变化时,他会在"问卷"中及时查收到新标准。当他发现点位问题时,也可以通过"问卷"及时反馈至全市统一后台。

这种任务拆解式的企业自查模式,不仅提供适用于文旅行业自查标准的信息化工具,也让所有经营户使用更加方便快捷,明确自身的管理职责,规范安全生产自查流程,同时也能够留存实证材料,方便监管部门随时核查自查的落实情况。

企业自查与巡查、监管日常同步进行,通过文旅系统后台,整合线上线下数据信息,有效识别和防范风险单位隐患,最大程度地降低安全生产风险。

企业自查开展以来,已完成了1万多个点位的数百万次的自查,及时整改数百个安全隐患。

4. 共享——"神秘游客",体验式满意度调查

行业管理水平的最终评价者是广大游客和消费者,无锡文旅相当重视来自社会各界的体验和评价。外部评价有两种主要的收集方式,一种是舆情信息,包括各类互联网评价平台、消费者信箱等;另一种是由文旅单位主

动发起的安心消费体验调研。前者是被动获取信息,后者为主动了解游玩和消费体验。

华米调研结合服务商业连锁企业神秘顾客调研的经验,为景区、KTV、密室逃脱等不同行业设计了不同的消费者体验标准。消费者暗访体验能通过服务质量的提升,促进游客来无锡旅游、体验景区服务,知晓无锡的高水平的管理标准,建立无锡旅游良好口碑。此外,创新性地在以下五个方面取得优势:

第一,增加信息量。有了广大消费者的认同,管理部门就有了大量的社会支持;

第二,提升效率。最大限度地拓宽参与面,数据时效性是优化工作的重要前提;

第三,倾听市场需求。比起闭门造车,让消费者的声音成为决策依据,有理有据;

第四,降低管理成本。平台化模式,扁平高效,比传统第三方调研大幅降低暗访成本;

第五,加强宣教引导。让消费者参与的同时,也对消费者进行宣传教育。

一位参与"神秘游客"调研的用户,会领取到一单在线任务,首先他需要通过一个简单的在线培训,获知需要填报的问卷,以及问卷题目所涉及的实证项目。通常,一个景区满意度问卷会涉及对景区基础设施、服务流程和态度、卫生环境、旅游吸引物、餐饮和商业配置等方面的评价,同时会了解游客在实际体验后的消费需求、消费偏好等。

消费者视角的评价,不仅能够帮助文旅单位提升服务品质,也有助于看到管理者平时看不到的问题。例如,游客反映的景区内有人散发小广告、公共区域桌椅清洁不及时、卫生间有异味等问题,这些反馈都很好地为管理部门补充了信息。

"神秘游客"体验系列将安心消费引入评价机制,从消费者角度了解文旅单位的发展现状,将调研作为服务社会发展,服务经济发展的有效举措。

除了"神秘游客"体验系列,无锡文旅还通过调研平台定期发布专题满意度调查,对各类活动进行持续的满意度监测。与传统满意度不同的是,华米调研的满意度调查着重"到场"体验,提供实证,由此提高调查反馈的信息含金量。(见图 4 - 1)

由于"现场"调查的特殊性,无锡文旅选取了部分满意度调查项目,通过体验评价,使其承担起文旅推广的角色,通过平台资源广而告之,吸引游客来无锡,邀请玩家到店,把满意度调查打造成与消费者共建共治共享的良性互动模式。

无论是"神秘游客"系列,还是体验式满意度调查,无锡文旅着力将普通消费者纳入持续的调研,有助于提升无锡文旅的整体形象,使管理成效得以在社会面让更多人共享。

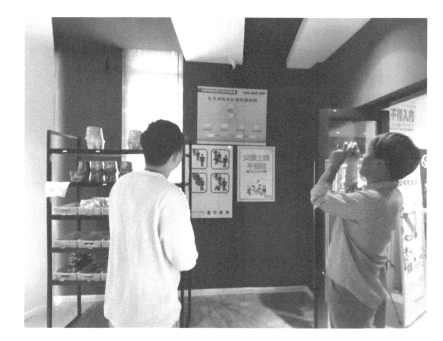

图4-1 点位员在不同经营场所巡查企业公示信息

二、综合案例:深圳福田区食药安全专业志愿者服务

深圳福田区原本就有一支一千余人的食品药品安全志愿者队伍,分别隶属于区义工联、深圳市食品药品安全志愿者总队的福田区食品药品安全志愿服务队、广东省食品安全科普总队的广东省食品安全科普福田支队。多年来,福田区市场监督管理局以打造一支喊得动、做得好的食药志愿者队伍为目标,努力构建食药志愿者参与食品安全社会监督的长效机制和渠道,希望不断提升志愿者的食品安全认知及专业化能力,有效帮助福田局提升辖区食品安全环境,进一步发挥食药志愿者在食品安全的社会监督作用。

围绕上述工作要求,福田市场监督管理局协同华米调研遵循共建、共治、共享的路径,为食药安全志愿者队伍赋能,探索出一条高质量的专业志愿者社会共治道路。

1. 共建——志愿者队伍建设：打造专业志愿者

志愿者是社会共治的可贵力量，但对志愿者的组织管理和活动日常运营并非易事。同时，要发挥志愿者在食品药品安全社会治理中的作用，还需要有一定的人员专业度做依托，热心不等于胜任。因此，福田市场监督管理局与华米首先确认了志愿者队伍建设的基本目标：提升专业度，建设志愿服务品牌。

为实现上述目标，华米把志愿者队伍建设分为五阶段：激活存量、招募增量、提升认知、专业实操、打造品牌。

第一阶段：激活存量。

针对福田市场监督管理局提供的千余名志愿者，项目人员开展电话访谈，意在了解志愿者的职业、技能、服务意愿等基本信息，整理更新及核定相关志愿者数量。

第二阶段：招募增量。

项目组通过问卷调查等方式，开展社会招募工作，对接相关志愿者协会及合作方，开展合作招募。

第三阶段：提升认知。

对志愿者开展首次食安专业培训，培训及考核均通过实证评估工具进行，以便做好培训及考核记录的保存，便于分级分类匹配志愿者参加不同项目。

第四阶段：专业实操。

以实操带培训是本项目的特点，避免纸上谈兵。项目组以三个项目作为实践课题，分别是以下几个方面。

福田区网络餐饮食品安全帮辅项目：即针对福田区网络餐饮单位潜在风险单位，开展现场帮辅活动，在过程中让志愿者深度学习餐饮开展外卖服务必须满足的基本合规要求。

福田区食品安全明厨亮灶现场监督项目：即针对"幸福福田，品质餐饮"福田区全域网络订餐数字食安明厨亮灶安装单位，开展现场核实、学习等活动,在过程中让志愿者了解到明厨亮灶的落地标准和运营要求。

福田区"食安副校长"校园周边食安巡查项目:即从已完成配备食安副校长的校园开始,协同食安副校长,组织家委会人员,加入志愿者服务队伍,针对校园周边的餐饮单位开展现场食安巡查,在过程中让志愿者了解到校园食品安全的管理要求。

以上实操均通过实证评估工具开展,记录志愿者的服务地点、时长等相关信息,调研数据均得以留存。

第五阶段:打造品牌。

在上述培训开展过程的同时,协同福田区市场监督管理局及第三方媒体机构,从明厨亮灶视频监督、校园周边食品安全巡查、食安副校长＋家委会的"1＋N校园志愿者队伍"、网络订餐食安帮辅等项目中选取主题,向公众宣传志愿服务,吸引更多社会人士关注,合力打造志愿者参与食品安全社会监督服务品牌。

项目进行的第一年,累计开展了不少于2000人次志愿服务上岗前培训;累计开展不少于2000人次志愿者现场食安评估;累计开展不少于1000人次志愿者宣传教育及社会监督活动,基本实现了既定的食药安全志愿队伍建设目标。

2. 共治——志愿者日常服务:帮辅经营者

食安监管工作一直存在事务杂碎、对接人员繁多、监管部门资源有限等难点,经过前期培训的专业志愿者成为日常监管的补充力量,通过参与各类巡查、评估任务,及时发现问题、反馈问题、协助解决问题,为全国文明城市建设及食品安全创新监管注入新的活力,同时切实减轻监管部门的负担,提高监管工作效能。

以下主要介绍福田区食药志愿者在校园周边餐饮单位网络合规经营现场巡查和帮辅中的做法。

校园食品安全事关广大师生身体健康,必须加强学校食堂及校园周边食品安全监管,全力保障广大师生"舌尖上的安全"。根据前期的培训内容,项目组发起有意愿的志愿者,对福田区校园周边的餐饮单位进行上门巡查和帮辅。

在现场,志愿者根据查看证照和交流,了解商家是否进行线上外卖平台售卖,营业执照、食品经营许可证线上线下是否公示,实体店铺证照是否和线上一致并符合资质。对于未能符合合规要求的商家,志愿者面对面宣教的内容有:食品经营户须有食品经营许可证;网络经营需有网络经营许可资质;增加网络经营许可资质可前往街道市监所办理;增加网络经营许可资质不收取费用;店内经营凉菜需要有相关冷食售卖资质;线上网络平台公示许可证需与线下门店公示许可证一致。

志愿者还通过巡查帮辅重新梳理了经营户的实际经营状态,记录已闭店、已转手、已拆除等最新的经营情况,对门头照、店铺网格化二维码地址、证照公示处、商家环境照、商家菜单等信息进行更新,进一步厘清底数。

在校园周边餐饮单位巡察和帮辅活动中,还有一群特殊的志愿者成员——家长。家委会志愿者通过对校园周边 200 米范围内的餐饮、零售和流动摊贩经营户的现场评估,对校园食安问题有了更直观的认识。

在项目实施的第一期,就有累计 1500 余人次的志愿者参与到校园食品安全共治,获得了良好的社会效果。

3. 共享——志愿者教育:队伍建设融入科学素养提升

从队伍共建到日常共治,华米调研始终把共享融入志愿者和经营户的体验中,提升双方的获得感,继而让所有的参与者保持积极参与的动力,乐于接受"免费"的辅导提升。

有一组数据值得关注,在 1469 家门店中,关于商家对于监管部门委托志愿者开展的经营帮辅服务,91.35%商家表示"很满意",8.65%表示"满意",90.54%表示"很支持",9.46%表示"支持"。可见,由志愿者承担的软性管理,降低了管与被管之间的对抗感。有商家说,如果志愿者早点来"服务","就不至于上个月因为违规而被罚款了,当时的违规行为并非刻意,而是对法规没有学习到位"。

商家从志愿者上门帮辅的过程中，还学到了诸多食安知识科普活动，包括食品安全法、生活保健养生、营养健康手册、湿米粉食品安全风险、鸡蛋加工的食品安全等模块。提高食品从业者相关专业知识，更好地提升食品加工生产和食用的健康意识。（见图4-2、图4-3）

对志愿者来说，他们在付出的同时，也了解了更多关于食药安全的法律法规、食药科普、消费素养、健康知识等知识，提升了自身消费素养，提高生活品质。例如，项目组联合沙头街道快速检测室累计共开展十七场"食安便民惠万家"食品安全科普活动，志愿者参与热情高涨，对食品检测的问题颇为关注，向快检室工作人员提出日常生活中关于食品安全的各种问题，例如"豆角和韭菜农药残留哪一个更高？""日常在超市里购买的食材能否带来检测"等问题。同时快检室的工作人员通过生动的食品安全知识讲解，并现场开展蔬菜中的农药残留检测实验体验课程，为志愿者在生活中遇到的相关食品问题进行了生动的答疑解惑，由此获得志愿者们的一致好评。

福田区的食药安全专业志愿者服务项目，通过共建共治共享的实证调研路径，让志愿者群体切实参与社会治理，打造志愿服务样板，构建服务品牌。通过一系列招募、培训、退出机制，摸索出一套具有公信力的执行管理模式，为福田区打造了一支可以长期服务的专业食药安全志愿者队伍，为食药安全基层治理提供了宝贵的人力资源，使志愿者成为社会治理的可靠力量。

图4-2　志愿者向商家科普食品安全知识

图 4 - 3　食药安全志愿者们的工作集巡查、帮辅与科普于一体

三、专题案例：佛山、长沙、龙岗、海南、惠山古镇等

在这一部分，简单介绍一下华米调研在其他项目上的应用案例，从中可以看到以包容治理为方法的共建、共治、共享如何应用到日常管理工作。

1. 佛山：寓监管于服务，实现小餐饮、小食杂店全覆盖现场评估辅导

为了更好地提升食品经营单位的合规能力，广东省佛山市于 2019 年开展了覆盖全市小餐饮、小食杂店和入网食品经营场所的规范性现场评估、培训及提升工作，并在全面评估后，再对全市各街镇进行提升效果抽样评估。总计现场工作量近 3 万家次。

该项目的实施充分遵循社会共治路径，依托现有村居协管队伍、高校志愿者、社会志愿者、特邀第三方专业机构技术人员以及华米调研治理的组织管理方法，组建一支多层级的职业巡查队伍。巡查人员通过现场辅导、数据录入和归集，迅速建立一套信息化食安监管档案，掌握食品安全风险点和突出问题聚集点，形成"检查—评估—整改—复评—提升"良性循环，也构建了一个小微经营者治理体系，也探索了一条"巡查队伍职业化、巡查档案标准化、监管留痕电子化、信息公示网络化"的食品安全治理道路，得到政府、社会、企业和群众对食品安全工作的支持，构建了一个共建共治共享的良性互动食品安全社会治理格局。

该项目的重要收获之一，在于为佛山市留下一支超过 2500 人的"带不走

的食品安全治理队伍",这支队伍依托社会力量组建,通过培训上岗,通过现场实操深入调研全市食品安全治理格局。又因其"普通人"的身份,与经营者对话更为顺畅,特别是小餐饮、小食杂店从业者,对这群评估员的接受度更高。在大多数评估现场,经营者都是从紧张甚至对抗地迎接评估员进店,到礼貌热情地送别,每一次评估过程,都是一次有效又充满温度的现场合规辅导服务。(见图4-4)

在佛山这个"美食之乡",监管部门采用华米模式,实现了寓监管于服务、协同共治、多元互动的治理目标,令每个参与者都对食品安全治理"感同身受",有助于构建全社会监督的局面。同时,定期对管理对象进行实证摸底,有助于精细化管理的"有的放矢",灵活调整重点,一切工作以群众需求为导向,最大程度减少监管、消费者、群众和经营者之间的信息不对称。

图4-4 第三方巡查人员在餐饮店开展评估工作

2. 长沙:开展双随机明查暗访,打造食安城市名片

以"网红"餐饮和城市活力著称的长沙,为更好地建设让人民满意的食品安全城市,需要切实了解全市食品经营单位的合规情况,检验前期创建成效,及时整改优化,构建城市品牌。

对相关经营单位开展明查暗访是提升食品安全管理能力的措施之一。长沙市市场监管局委托华米调研专家库中的食安审核专家按照国家标准开展明查暗访,基于平台的随机机制,暗访专家在最后时刻拿到访问名单,减少各方面干扰,最大程度地保障了暗访的随机性、公平性、真实性。

专家暗访的报告反馈,作为各创建部门自查薄弱点的重要依据,有针对性地开展后期辅导与提升。在掌握有效数据后,专家评估员还分别对相关部门管理者、基层市场监管负责人、经营单位负责人、消费者代表等各界人士进行了面对面访问,从实际管理、经营和消费角度调研需求,为工作的提升提供全方位的客观凭据。(见图4-5)

由专家开展明查暗访的方式还应用于长沙市2021年度重大活动餐饮接待单位量化分级A级单位创建活动市级复评、长沙市小型餐饮"透明厨房"提质改造评估等项目中,评估结果为监管部门评价工作成效提供了实证依据,也为整改提供了精准方向。

长沙创建工作采用了购买专业第三方服务、共享专家资源的灵活思路,最大程度地利用好社会资源和专家资源,在提高效率,降低成本的同时,也有利于保持明查暗访结果的客观性、全面性,帮助管理者了解市场最真实的情况。

图 4‐5　第三方食品安全专家对经营单位进行合规评估

3. 深圳龙岗：让商家满意成为合规动力

深圳市龙岗区市场监督管理局在开展规范餐饮服务单位主体责任落实帮辅服务的过程中，把商家的获得感和满意度作为工作目标之一，极大提升了经营者的合规意愿。

根据龙岗局提供的数千家单位名单，华米筛选出深圳本地的食安审核员，前往现场记录、核实规范餐饮服务单位的营业信息、营业状态等，针对正常营业状态的规范餐饮服务单位开展帮辅工作，指导现场注册食品安全基层协同治理系统，通过系统签订《企业落实食品安全主体责任承诺书》，完成食品安全自查任务；指导正常营业状态的规范餐饮服务单位注册使用"食安快线"。

在帮扶的过程中，审核员不仅指导经营者达成合规，同时也询问记录他们对帮辅工作的要求和感受，经营者发现审核员原来还是可以上门辅导的合规老师，从而将经营中遇到的难点也如实告知审核员，及时请教合规管理中不懂的方面，自觉自愿地参与线上的管理自查和培训考试，逐渐转变思想认知，把"等人来查"的观念转变为"我要自查""考试合格"才能更好地上岗。

现场帮辅有效打破了跨部门跨单位的数据共享壁垒，建立了数据更新的长效机制，为监管工作的精准开展提供支撑的同时也获得了被帮辅商家

较高的满意度和支持度调查认可。（见图 4-6）

图 4-6　龙岗区志愿者们对经营单位进行评估和帮辅

4. 深圳福田：居民调研员体验公共服务标准化事项

基本公共服务是兜住民生底线、维护生活秩序的重要保障。深圳福田区以推进国家级基本公共服务标准化综合试点为契机，率先制定印发《福田区基本公共服务清单》。统筹基本公共服务设施布局和共建共享，制订了一批福田特色基本公共服务标准。为了解福田区居民对服务内容和质量的体验，福田区市场监督管理局委托华米，邀请区内群众对清单中的服务进行实地体验，提供反馈。

本次调研设计主要包括"i福田"小程序知晓度、注册使用、感兴趣模块内容统计、地图查询点位功能介绍、线下点位实地体验与线上公布信息比对反馈等多方面内容。

本次调研发现了居民需求度高的领域：病有良医、住有宜居、老有颐养、文化体育保障四大模块，项目组建议适当增设该模块点位覆盖，充分满足人民群众基本公共服务事项的标准化需求。

本次调研给一批居民实地体验的一封"邀请信"，前往体验的居民充分给予了好评："办事人员很热情很细心地为我们办事，办公大厅明亮整洁，工作人员服务态度特别好，暖心""该馆环境好，整洁卫生，图书物品摆放有序，管理员认真负责，值得点赞！""党群服务设施很完善，但是很多人却不知道，可以加强社区服务内容的宣传""服务空间多个,内容丰富,提供服务种类多样,工作人员态度很亲切,有种家的感觉,但是之前都没有留意过家门口这么宝藏的地方"。

本次调研帮助管理部门找到了服务事项中需要继续优化的具体方面:"根据大厅人员了解存在部分业务改为网办,线下无法办理,建议在'i 福田'小程序里及时做好实时同步""工作人员服务热情,该站点仅供大厦内部人员使用,建议小程序后台备注说明,以免市民跑空""该服务中心地点已发生变更,但线上更新不及时,电话也一直占线,应注意及时更新信息避免白跑一趟"。

值得一提的是,本次调研还厘清部分异常点位,通过调研人员的实证信息,审核人员后期对异常点位实地地址走访核实、致电平台电话、邻近及周边居民点位相关信息询问,进行多方面核实与情况摸底,力争确保服务事项对应的点位的持续有效性。

居民调研员既承担了社会评价的功能,也成为公共服务标准化服务的宣传渠道,本次调研将提升市民知晓度和获得感结合在一起,把这项牵涉民生福祉的工作成效让全社会共享。(见图 4 - 7)

图 4 - 7 居民调研员正在体验公共服务标准化事项

5. 海南:记录受访地点的食品安全群众满意度调查

海南省食品安全委员会办公室根据国务院食品安全委员会办公室《食品安全满意度调查工作指南》及国家食品安全示范城市满意度调查有关要

求,委托华米在全省开展群众食品安全满意度调查。相比传统的满意度调查,华米结合自身工具的实证特点,记录了每一个问卷完成时所在的受访地点,在样本质量控制上确保项目所要求的"覆盖全省18个市县",尽可能做到调查的科学性。

全省6000多个有效样本之所以能做到科学分布,是因为华米通过自有App和小程序进行问卷录入,录入方法有两类,一类是访员现场拦截访问,使用数字设备录入电子问卷;一类是受访群众扫码进行网络电子问卷提交,但需在录入问卷前签到,以确保所在地点与抽样设计要求匹配。

通过地域化设计样本分配,调查发现了许多有价值的内容,如对食品安全工作感知的地区性差异、不同地区物价对满意度的影响等,丰富调查结果可分析的维度,提高调查的含金量。(见图4-8)

图4-8 现场访问员正在了解群众对食品安全的满意度

6. 无锡:惠山古镇邀请游客体验与分享

无锡惠山古镇是一个集文物古迹、锡惠名胜、历史文化和山林保护四大游览主题为一体的重要旅游目的地,为本地市民提供休闲、观光、便利的同时,也吸引了大量外地慕名而来的游客。

惠山古镇为了倾听游客的真实心声,提升游客的获得感,切实从游客角度考虑景区发展建设,不断进行自我完善,从而委托华米开展了"惠山古镇包容共治共享服务项目",旨在通过调研力度和深度,深入了解景区的旅游设施建设和服务水平,了解游客的实际需求、游览体验和感知评价。

在体验式调研中,"神秘游客"需要在景区内跟着问卷题目走访商业街区、自然景点、休闲公园,在体验过程中留心游客服务设施、公共设施、环境卫生、商户服务等对象,"随手拍""随手记",一边打卡一边答卷,这群"细心"的"游客",为景区服务质量持续赋能,让景区管理方得以更高效地发现问题,尽快提供解决问题的措施,最后达到问题的圆满解决。

通过一个周期的调查,"神秘游客"为惠山古镇提出了涵盖 3 个维度,共计 15 个类别的优化建议,涉及景区环境卫生、设施维护、休息区域、安全、服务质量、导览系统、公共设施、停车、街区招商、物价、文化特色、娱乐活动、商铺经营、住宿、宣传推广等方面,详尽务实,使区管理部门获得切实可行的决策依据。(见图 4 - 9)

体验式调研不仅有调查部分,还有游客实证分享环节。通过定向邀约各社交媒体的"博主游客",以真实体验、真实分享的方式,对网友开展宣教引导,为文旅产业发展赋能。可以说,通过调研,景区不仅邀请了更多游客来景区体验,更是群策群力,鼓励游客与景区发展共建共享。

图 4 - 9　项目前期调研人员正在为神秘顾客体验核定体验标准

7. 商业:从消费者视角与商家共赢

华米为数万家餐饮和零售门店提供了顾客视角体验式调查服务,对企业来说,他们只需要在平台自主发布顾客到店调查任务即可;对用户来说,他们按照自身的意愿,遵循任务准入门槛和调查标准,领取任务,在线培训,到店消费,填写问卷,等待审核,领取酬劳。这个 B2C 的匹配模式帮助企业和顾客"双向奔赴",企业通过顾客反馈了解门店做得好不好,顾客通过企业的考察标准了解品牌的服务理念,实现共同管店的目的。(见图 4 - 10)

以 B 连锁餐饮品牌为例,企业设计的问卷涵盖以下几个维度:考核店铺形象,让顾客反馈店招、门头、活动海报、餐牌、菜单的醒目度、友好度、整洁度和吸引度;考核店员服务,通过几个标准动作环节,让顾客评价从迎门、领位、介绍、点餐、上餐、买单到送客这些主要服务触点是否达标;考核产品质量,结合实际消费体验,让顾客评价菜品的外形、温度、出餐效率、口感、出品一致性是否达到总部要求。此外还会了解顾客的日常消费习惯和偏好等。

图 4 - 10 平台评估员正在参与商业项目服务

为了确保调查的真实有效,所有调查问卷都必须提交消费凭证、菜品照片、店铺照片等关键实证,如企业有严格的考核要求,还需要用户针对某些题目提供录音或视频。这些实证素材不仅协助总部进行考核和管理优化，也有助于总部理解顾客的真实诉求。

尽管社交媒体和互联网评价平台已成为企业提升服务的重要参考因素，总部仍然倚重清单式和标准式的消费者体验考核，这是保证企业能够做到及格线的最务实的调研方式。对普通消费者来说，来自企业的信任和物质酬劳，也逐步使他们更乐于成为品牌的忠诚客户。

8. 公益：青少年慈善需求调研

实证调研不仅在政务治理和企业管理中起到重要作用，也能很好地应用到方方面面的社会群体需求中。星火社是上海星河湾双语学校学生公益社团，由学生组成，日常积极开展贫困山区支教、书籍捐赠、校际联谊等活动，学生通过组织和参与慈善活动，逐步提升了社会实践能力，并具有一定的社会口碑。

星火社的学生们在实践的同时，也深入思考如何能够提供更受同龄人欢迎、符合社会实际需求、更具有可持续性的活动项目，通过华米平台，开展问卷调查，在校内和社会人群中开展实证调研。通过调研，他们希望了解同龄人对公益的兴趣方向，在公益活动中希望获得哪些成长，在实施过程中遇到哪些困难，哪些群体更需要帮助等信息。他们在调研中记录了受访者所在地区，方便之后根据人群所在区域匹配需求和资源。（见图 4-11）

"把学问做在祖国大地上"，华米为有抱负、有想法的青少年提供便捷的调研渠道，邀请上海交通大学中国公益发展研究院的老师指导学生开展有价值的分析研究，提升学生参加社会调查的含金量，为他们今后踏入社会，用知识和爱心回报社会做好充分的准备。

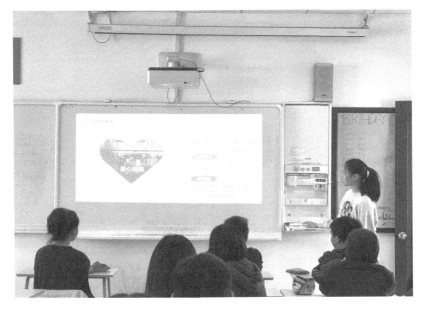

图 4-11　学生正在宣讲公益活动

参考文献

[1] 常修泽.现代治理体系中的包容性改革——混合所有制价值再发现与实现途径[J].人民论坛·学术前沿,2014(06):14—23.

[2] 陈寒非,高其才.乡规民约在乡村治理中的积极作用实证研究[J].清华法学,2018,12(01):62—88.

[3] 陈家建,赵阳."低治理权"与基层购买公共服务困境研究[J].社会学研究,2019,34(01):132—155,244—245.

[4] 陈庆云,鄞益奋,曾军荣,等.公共管理理念的跨越:从政府本位到社会本位[J].中国行政管理,2005(04):18—22.

[5] 陈瑞华.刑事诉讼的合规激励模式[J].中国法学,2020(06):225—244.

[6] 戴长征,鲍静.数字政府治理——基于社会形态演变进程的考察[J].中国行政管理,2017(09):21—27.

[7] 丁冬汉.从"元治理"理论视角构建服务型政府[J].海南大学学报(人文社会科学版),2010,28(05):18—24.

[8] 董磊明,郭俊霞.乡土社会中的面子观与乡村治理[J].中国社会科学,2017(08):147—160.

[9] 杜飞进.中国现代化的一个全新维度——论国家治理体系和治理能力现代化[J].社会科学研究,2014(05):37—53.

[10] 杜鹏,韩文婷.数字包容的老龄社会:内涵、意义与实现路径[J].北京行

政学院学报,2023(02):40—47.

[11] 范如国."全球风险社会"治理:复杂性范式与中国参与[J].中国社会科学,2017(02):65—83,206.

[12] 范如国.复杂网络结构范型下的社会治理协同创新[J].中国社会科学,2014(04):98—120,206.

[13] 方亚琴,夏建中.社区治理中的社会资本培育[J].中国社会科学,2019(07):64—84,205—206.

[14] 冯仕政.沉默的大多数:差序格局与环境抗争[J].中国人民大学学报,2007(01):122—132.

[15] 高传胜.社会企业的包容性治理功用及其发挥条件探讨[J].中国行政管理,2015(03):66—70.

[16] 公维友,刘云.当代中国政府主导下的社会治理共同体建构理路探析[J].山东大学学报(哲学社会科学版),2014(03):52—59.

[17] 管兵,夏瑛.政府购买服务的制度选择及治理效果:项目制、单位制、混合制[J].管理世界,2016(08):58—72.

[18] 郭道久,康炯慧.嵌入—合作型社会企业:就业帮扶车间的组织性质及发展[J].河南社会科学,2024,32(02):103—114.

[19] 韩兆柱,翟文康.西方公共治理前沿理论述评[J].甘肃行政学院学报,2016(04):23—39,126—127.

[20] 何瑞文.网格化管理的实践困扰[J].苏州大学学报(哲学社会科学版),2016,37(01):16—22.

[21] 何欣峰.社区社会组织有效参与基层社会治理的途径分析[J].中国行政管理,2014(12):68—70.

[22] 胡鞍钢.中国国家治理现代化的特征与方向[J].国家行政学院学报,2014(03):4—10.

[23] 胡湛,彭希哲.应对中国人口老龄化的治理选择[J].中国社会科学,2018

　　(12):134—155,202.

[24] 黄晓春,嵇欣.技术治理的极限及其超越[J].社会科学,2016(11):
　　72—79.

[25] 黄晓春,周黎安."结对竞赛":城市基层治理创新的一种新机制[J].社
　　会,2019,39 (05):1—38.

[26] 黄晓春.党建引领下的当代中国社会治理创新[J].中国社会科学,2021
　　(06):116—135,206—207.

[28] 霍军亮,吴春梅.乡村振兴战略下农村基层党组织建设的理与路[J].西
　　北农林科技大学学报(社会科学版),2019,19 (01):69—77.

[29] 江必新,王红霞.法治社会建设论纲[J].中国社会科学,2014(01):140—
　　157,207—208.

[30] 姜晓萍,田昭.授权赋能:党建引领城市社区治理的新样本[J].中共中央
　　党校(国家行政学院)学报,2019,23 (05):64—71.

[31] 姜晓萍.国家治理现代化进程中的社会治理体制创新[J].中国行政管
　　理,2014(02):24—28.

[32] 金成波,王敬文.数字法治政府的时代图景:治理任务、理念与模式创新
　　[J].电子政务,2022(08):67—76.

[33] 李春成.包容性治理:善治的一个重要向度[J].领导科学,2011(19):
　　4—5.

[34] 李大宇,章昌平,许鹿.精准治理:中国场景下的政府治理范式转换[J].
　　公共管理学报,2017,14 (01):1—13,154.

[35] 李汉卿.协同治理理论探析[J].理论月刊,2014(01):138—142.

[36] 李慧凤.社区治理与社会管理体制创新——基于宁波市社区案例研究
　　[J].公共管理学报,2010,7 (01):67—72,126.

[37] 李静,朱兰兰.包容性发展视域下信息低层老人"数字鸿沟"的治理方略
　　[J].东北大学学报(社会科学版),2023,25 (02):82—92.

[38]李珮,潘琳,周荣庭.公益组织的数字化转型与行动适应——数字赋能的视角[J].中国社会组织研究,2023,26(02):1—25,229—230.

[39]李平原,刘海潮.探析奥斯特罗姆的多中心治理理论——从政府、市场、社会多元共治的视角[J].甘肃理论学刊,2014(03):127—130.

[40]李维涛.老年助餐服务发展模式与进路——基于昆明市案例分析[J].河北农业大学学报(社会科学版),2024,26(01):107—116.

[41]李晓飞.户籍分割、资源错配与地方包容型政府的置换式治理[J].公共管理学报,2019,16(01):16—28,169—170.

[42]李迎生,杨静,徐向文.城市老旧社区创新社区治理的探索——以北京市P街道为例[J].中国人民大学学报,2017,31(01):101—109.

[43]李友梅,黄德远.当代中国社会治理转型的经验逻辑[J].中国社会科学(英文版),2018(11):58—73.

[44]李友梅.中国社会治理的新内涵与新作为[J].社会学研究,2017,32(06):27—34,242.

[45]林民望,钱盈盈.政府向社会组织购买服务的路径依赖与路径创造——基于深圳市F区社会建设专项资金的实证研究[J].中国社会组织研究,2024,27(01):70—96,287.

[46]梁根林.刑法修正:维度、策略、评价与反思[J].法学研究,2017,39(01):42—65.

[47]刘淑春.数字政府战略意蕴、技术构架与路径设计——基于浙江改革的实践与探索[J].中国行政管理,2018(09):37—45.

[48]刘永谋.技术治理的逻辑[J].中国人民大学学报,2016,30(06):118—127.

[49]刘作翔.当代中国的规范体系:理论与制度结构[J].中国社会科学,2019(07):85—108,206.

[50]陆世宏.协同治理与和谐社会的构建[J].广西民族大学学报(哲学社会

科学版),2006(06):109—113.

[51]吕志奎.通向包容性公共管理:西方合作治理研究述评[J].公共行政评论,2017,10(02):156—177,197.

[52]孟天广.政府数字化转型的要素、机制与路径——兼论"技术赋能"与"技术赋权"的双向驱动[J].治理研究,2021,37(01):5—14,2.

[53]米加宁,章昌平,李大宇,等."数字空间"政府及其研究纲领——第四次工业革命引致的政府形态变革[J].公共管理学报,2020,17(01):1—17,168.

[54]欧黎明,朱秦.社会协同治理:信任关系与平台建设[J].中国行政管理,2009(05):118—121.

[55]秦上人,郁建兴.从网格化管理到网络化治理——走向基层社会治理的新形态[J].南京社会科学,2017(01):87—93.

[56]秦中春.乡村振兴背景下乡村治理的目标与实现途径[J].管理世界,2020,36(02):1—6,16,213.

[57]沈费伟,曹子薇.从数字鸿沟到数字包容:老年人参与数字乡村建设的策略选择[J].西北农林科技大学学报(社会科学版),2023,23(01):21—29.

[58]史云贵,周荃.整体性治理:梳理、反思与趋势[J].天津行政学院学报,2014,16(05):3—8.

[59]孙柏瑛,于扬铭.网格化管理模式再审视[J].南京社会科学,2015(04):65—71,79.

[60]孙晓莉.西方国家政府社会治理的理念及其启示[J].社会科学研究,2005(02):7—11.

[61]谭旭运,董洪杰,张跃,等.获得感的概念内涵、结构及其对生活满意度的影响[J].社会学研究,2020,35(05):195—217,246.

[62]唐天伟,曹清华,郑争文.地方政府治理现代化的内涵、特征及其测度指

标体系[J].中国行政管理,2014(10):46—50.

[63] 汪锦军.合作治理的构建:政府与社会良性互动的生成机制[J].政治学研究,2015(04):98—105.

[64] 汪世荣."枫桥经验"视野下的基层社会治理制度供给研究[J].中国法学,2018(06):5—22.

[65] 王利明.法治:良法与善治[J].中国人民大学学报,2015,29(02):114—121.

[66] 王名,蔡志鸿,王春婷.社会共治:多元主体共同治理的实践探索与制度创新[J].中国行政管理,2014(12):16—19.

[67] 王浦劬.国家治理、政府治理和社会治理的含义及其相互关系[J].国家行政学院学报,2014(03):11—17.

[68] 王诗宗,杨帆.基层政策执行中的调适性社会动员:行政控制与多元参与[J].中国社会科学,2018(11):135—155,205—206.

[69] 王思斌.社会工作在构建共建共享社会治理格局中的作用[J].国家行政学院学报,2016(01):43—47.

[70] 王小芳,王磊."技术利维坦":人工智能嵌入社会治理的潜在风险与政府应对[J].电子政务,2019(05):86—93.

[71] 王雪竹.基层社会治理:从网格化管理到网络化治理[J].理论探索,2020(02):76—80.

[72] 王雨磊.数字下乡:农村精准扶贫中的技术治理[J].社会学研究,2016,31(06):119—142,244.

[73] 吴晓林.治权统合、服务下沉与选择性参与:改革开放四十年城市社区治理的"复合结构"[J].中国行政管理,2019(07):54—61.

[74] 吴元元.信息基础、声誉机制与执法优化——食品安全治理的新视野[J].中国社会科学,2012(06):115—133,207—208.

[75] 夏锦文.共建共治共享的社会治理格局:理论构建与实践探索[J].江苏

社会科学,2018(03):53—62.

[76] 向德平,申可君.社区自治与基层社会治理模式的重构[J].甘肃社会科学,2013(02):127—130.

[77] 向德平,苏海."社会治理"的理论内涵和实践路径[J].新疆师范大学学报(哲学社会科学版),2014,35(06):19—25,2.

[78] 肖红军,李平.平台型企业社会责任的生态化治理[J].管理世界,2019,35(04):120—144,196.

[79] 肖文涛.社会治理创新:面临挑战与政策选择[J].中国行政管理,2007(10):105—109.

[80] 谢治菊,黄诗雅.农户社会交易网络主要矛盾与对接机制——以小农户对接定向市场为例[J].北京行政学院学报,2024(04):28—39.

[81] 徐汉明,张新平.网络社会治理的法治模式[J].中国社会科学,2018(02):48—71,205.

[82] 徐家良,成丽姣.慈善教育是实现共同富裕的重要供给侧[J].华东师范大学学报(教育科学版),2023,41(10):92—103.

[84] 徐家良,吴晓吁.社会组织数字化转型重构政社共治过程的机理探究——来自W市J公益服务中心的经验观察[J].中国行政管理,2023,39(08):17—27.

[85] 徐永祥,曹国慧."三社联动"的历史实践与概念辨析[J].云南师范大学学报(哲学社会科学版),2016,48(02):54—62.

[86] 许艳芳,朱春玲,曾萌.从遵从到创造:社会企业获取组织合法性的路径与策略——基于纵向单案例研究方法[J].上海大学学报(社会科学版),2024,41(02):95—110.

[87] 颜佳华,吕炜.协商治理、协作治理、协同治理与合作治理概念及其关系辨析[J].湘潭大学学报(哲学社会科学版),2015,39(02):14—18.

[88] 燕继荣.社会变迁与社会治理——社会治理的理论解释[J].北京大学学

报(哲学社会科学版),2017,54(05):69—77,2.

[89] 杨丽,赵小平,游斐.社会组织参与社会治理:理论、问题与政策选择[J].
北京师范大学学报(社会科学版),2015(06):5—12.

[90] 叶林,宋星洲,邵梓捷.协同治理视角下的"互联网＋"城市社区治理创
新——以G省D区为例[J].中国行政管理,2018(01):18—23.

[91] 俞可平.重构社会秩序 走向官民共治[J].国家行政学院学报,2012
(04):4—5,127.

[92] 郁建兴,关爽.从社会管控到社会治理——当代中国国家与社会关系的
新进展[J].探索与争鸣,2014(12):7—16.

[93] 郁建兴,任杰.社会治理共同体及其实现机制[J].政治学研究,2020
(01):45—56,125—126.

[95] 袁方成.增能居民:社区参与的主体性逻辑与行动路径[J].行政论坛,
2019,26(01):80—85.

[96] 袁文瀚.信用监管的行政法解读[J].行政法学研究,2019(01):18—31.

[97] 张成福,谢一帆.风险社会及其有效治理的战略[J].中国人民大学学报,
2009,23(05):25—32.

[98] 张怀岭,柳翠.公司制社会企业可持续性的制度困境及其破解[J].北京
理工大学学报(社会科学版),2024,26(03):76—87.

[99] 张康之.公共行政中的责任与信念[J].中国人民大学学报,2001(03):
79—85.

[100] 张康之.合作治理是社会治理变革的归宿[J].社会科学研究,2012
(03):35—42.

[103] 张其伟,徐家良.社会组织如何激发城市基层治理活力?——基于某
环保类组织的案例研究[J].管理世界,2023,39(09):142—158.

[104] 张清,武艳.包容性法治框架下的社会组织治理[J].中国社会科学,
2018(06):91—109,206.

[105] 张维迎.所有制、治理结构及委托—代理关系———兼评崔之元和周其仁的一些观点[J].经济研究,1996(09):3—15,53.

[106] 张文显.中国法治40年:历程、轨迹和经验[J].吉林大学社会科学学报,2018,58(05):5—25,204.

[107] 张新宝,许可.网络空间主权的治理模式及其制度构建[J].中国社会科学,2016(08):139—158,207—208.

[108] 张兆成.论传统乡贤与现代新乡贤的内涵界定与社会功能[J].江苏师范大学学报(哲学社会科学版),2016,42(04):154—160.

[109] 张振波.论协同治理的生成逻辑与建构路径[J].中国行政管理,2015(01):58—61,110.

[110] 章健,胡金荣,周忠良.社会企业何以促进城市养老服务可及性?——基于某养老社会企业的案例研究[J/OL].公共管理学报,1—13[2024—08—18].

[111] 郑杭生,邵占鹏.治理理论的适用性、本土化与国际化[J].社会学评论,2015,3(02):34—46.

[112] 郑巧,肖文涛.协同治理:服务型政府的治道逻辑[J].中国行政管理,2008(07):48—53.

[113] 郑智航.网络社会法律治理与技术治理的二元共治[J].中国法学,2018(02):108—130.

[114] 中国行政管理学会课题组.加快我国社会管理和公共服务改革的研究报告[J].中国行政管理,2005(02):10—15.

[115] 周光权.正当防卫的司法异化与纠偏思路[J].法学评论,2017,35(05):1—17.

[116] 周光权.转型时期刑法立法的思路与方法[J].中国社会科学,2016(03):123—146,207.

[117] 周文彰.数字政府和国家治理现代化[J].行政管理改革,2020(02):

4—10.

[118] 周文星,程坤鹏.资源依赖和柔性策略:政社合作如何影响环境治理? ——基于 26 个案例的比较分析[J].中国社会组织研究,2023,26 (02):118—134,234.

[119] 周晓虹.产业转型与文化再造:特色小镇的创建路径[J].南京社会科学,2017(04):12—19.

[120] 周阳敏.基于包容性社会治理的保障房建设与管理研究——国外的经验教训及其对中国的启示[J].河南社会科学,2011,19 (04):122—127.

[121] 朱仁显,邬文英.从网格管理到合作共治——转型期我国社区治理模式路径演进分析[J].厦门大学学报(哲学社会科学版),2014(01):102—109.

后　记

　　当本书的最后一页即将合上时，我们不禁再次叩问一下自己：社会治理的终极目标是什么？是追求效率与维护秩序的完美统一，还是守护人性的温度与多元声音的共鸣？在数字化浪潮席卷全球的今天，技术与权力的边界日益模糊，而华米模式的实践如同一盏明灯，照亮了一条截然不同的道路——它证明，效率与人性并非非此即彼的单选题，而是可以通过包容参与和协作共治实现共生共荣，既有秩序又有活力。

　　华米公司的探索，本质上是一场关于如何让治理回归人本的社会实验。在技术狂飙突进的数字时代，算法与数据常被视为解决一切问题的万能钥匙，但华米模式却时刻提醒我们：技术若脱离人的参与、忽视多元主体的诉求，终将成为冰冷的工具。以华米的神秘游客机制为例，无锡 A 级景区的监管并未完全依赖摄像头和 AI 算法的单向监控，而是通过招募普通市民化身"隐形观察员"，以真实体验反馈景区问题。这一制度设计的背后，显现出来的是对人性的呼唤与道德伦理的尊重——游客的情感与痛点是所有数据无法完全计算和测量的，而公众参与本身便是一种治理温度的传递。同样，深圳福田的食药安全志愿者项目，将专业监管、部门监督与公众监督有机结合，不仅提升了食品安全透明度，更让市民从被动接受者转变为主动共建者。这些活生生的现实案例揭示了一个朴实无常的真理：社会治理的核心终归是人，而技术只是服务于人的工具。华米模式的可贵之处，在于它始终将协作置于控制之上。无论是"大人来也"平台的任务众包机制，还是政府与企业间的信任共建，其本质都在于打破传统治理中权力中心化的桎梏。当政府愿意将部分管理职能委托给企业，当企业开放资源与公众共享，当普通市民能够通过一部手机参与治理活动，一种新的社会契约便悄然形成——它不再完全依赖自上而下的指令，而是通过多元主体的平等对话与多方面的参与，编织出一张更具韧性的治理网络。

在数字治理的讨论中，一个常见的误区是将技术视为中立的解决方案。然而，华米模式的实践揭示了一个更深层的事实逻辑：技术的应用必须与价值理性相结合，才能真正服务于公共利益。以"大人来也"平台为例，它的数据驱动模式并非简单的信息收集，而是通过三个关键设计实现了技术与人性的平衡。一是把任务执行者的实时报告直接转化为景区整改的动态数据看板，政府与企业可即时追踪问题解决进度，公众也能通过公开信息感知治理效能。二是借由积分奖励、荣誉认证等机制，将公众的临时性参与转化为持续性共建，让治理不再是"与我无关"的抽象概念，而是变成公众日常生活的有机部分。三是在数据采集过程中，严格遵循隐私保护原则，例如匿名化处理公众反馈信息，避免技术滥用带来的权利侵害。这种技术为表、人文为里的设计，恰恰呼应了哈贝马斯对工具理性与交往理性的思辨——技术不应沦为权力的附庸，而应成为促进社会对话的媒介。华米模式的成功，正是因为它在冰冷的代码中注入了人性的温度与热度，让数字治理从管控工具升华为共治平台。

华米模式的另一重启示，在于重新定义了社会企业的角色。传统观念中，企业要么追逐利润，要么投身公益，二者似乎泾渭分明，一清二楚。但华米公司的实践证明，社会企业可以成为商业逻辑与公共价值的承接者与整合者。在网络订餐监管实践中，华米既未扮演政府的技术承包商，也未以公益组织身份单向呼吁企业自律，而是通过"数据赋能＋制度创新"开辟了一条中间路径。对企业，它提供食品安全风险评估服务，帮助餐饮品牌优化管理,降低违规风险。对政府,它建议构建线上监管公示制度,将分散的检查数据整合为可追溯的信用体系。对公众,它开放餐厅评级查询功能,让消费者"用脚投票"倒逼行业提升服务质量。这种三方共赢的模式,打破了非营利组织的资源依赖困境,也规避了纯商业机构的逐利短视。因此,华米的社会价值在于,它既理解市场需要的效率,也深知公益需要可持续性——通过将社会问题转化为可操作的商业服务,让解决公共问题本身成为一门"好生意",不纯粹是利润至上。

诚然,任何创新都伴随争议与挑战,华米模式亦不例外。在本书的调研中,我们听到过质疑:当企业深度参与治理,是否会形成新的技术权力垄断?当公众参与成为任务众包,是否会导致责任权利模糊化?这些问题没有标准答案,却为未来探索指明了方向。写作本书的过程,本身也是探索的过程。我们意识到,必须建立数据使用的负面清单,禁止利用公众参与数据谋取单一的商业利益。政策层面需为社会企业正名,以税收优惠、采购倾斜等方式,鼓励更多市场主体加入治理协作网络,企业演变成社会企业。公众参与不能停留于任务打卡,而需通过社区议事会、协商民主工作坊等多种形式,培养理性、深度参与的治理文化。

上海交通大学原党委副书记胡近教授在书的立意和框架上曾作过重要的指导,一直关心此书的资料收集过程和写作过程,并在百忙中为本书作序,肯定了我们的工作,特别感谢。上海交通大学国际与公共事务学院博士生陈宇韬全程参与本书的资料收集和调研过程,硕士生曾红庆参与多地调研活动,感谢他们的辛勤付出。最后,谨以此书致敬所有在治理现代化进程中默默耕耘的实践者。从无锡文旅的一线点位巡查员,到深圳福田的食药安全志愿者;从华米公司的技术研发团队,到深夜仍在"大人来也"平台提交反馈的普通市民——他们的智慧与责任感。

我们相信,当技术回归工具本质,当权力让渡出参与空间,当每一个普通人都能成为治理的"共建者"时,我们终将抵达更包容、更温暖、更具韧性的社会图景。社会治理从未有终局,唯愿此书成为一块引玉之砖,激发更多关于协作、包容与创新的思考与实践。

　　我们很幸运生活在这个激情澎湃的世界,感恩数字化转型与人文精神碰撞的伟大时代!

徐家良　章米力

2025 年春